これだけで OK! 仕事に使える ワード｜エクセル パワーポイント 2024 増補・最新 改訂版

Word Excel PowerPoint

CONTENTS

Chapter 1

Word 編

JN056332

Chapter 2

Excel編

Chapter 3

PowerPoint編

プレゼンテーション

Chapter 4

Technic編

3

グラフィカルで説得力のある
文書を作成できる！

定番のワープロ、文書作成アプリ。企画書をはじめ、あらゆる文書作成に活用されている。図形の描画や写真を入れたレイアウトも得意。

つの必須アプリを
使いこなせるようになろう！

Officeアプリと呼ばれる「ワード、エクセル、パワーポイント」は、何十年も前から、仕事に必須のソフトとして使われてきました。最近では、Googleなどのクラウドサービスや、さまざまなOffice互換アプリでも、ワード、エクセル、パワーポイントの代替となるような機能を使うことができますが、レイアウトのズレや機能の微妙な違いなどから、やっぱりマイクロソフトのOfficeを求められることは少なくありません。

また、職場によっては、最初から「ワード、エクセルを使える」ことが必須となっている会社は今でも数多く存在しています。

仕事で少しは使ってきたけれど、一部の機能を表面的に使ってきただけで、あまりちゃんと理解していない、もう少し深く理解したい……そんな方もいるでしょう。

本書では、ワードの文書、エクセルの表計算、パワーポイントのスライドを一通り作成できるようになるための、一般的に必要とされるテクニックをやさしく学んでいける一冊を目指しました。この「2024年 増補・最新改訂版」では、各アプリにQ＆Aを入れ、生成AIの始め方などの解説も増やしています。

必須テクニックを丁寧に解説しているのはもちろんですが、必要な箇所では「概念」を説明するなど、なるべく筋道を立てて理解していけるように構成しています。また、本書の特定の箇所ではデータをダウンロードして、ファイルを実際に操作して理解できるので、右のダウンロード方法を読み、ぜひファイルを活用してください。Officeを初めて使う人、もう少しOffice全般に習熟したい人などに、本書がお役に立てば幸いです。

Excel

			年	1	2	3	
11	ハードウェア (サーバーなど)			¥500,000			
12	ソフトウェア (電子商取引カタログ ソフトウェアなど)			¥100,000			
13	開発 (サイトの設計や開発など)			¥150,000			
14	初期投資の合計			¥750,000			
15							
16	Web サイト通況利益		年	1	2	3	
17	直販分			¥10,201,548	¥15,586,210	¥17,589,811	
18	パートナー参加による売上の増加分			¥325,010	¥458,877	¥501,942	
19	削減された人件費			¥250,000	¥250,000	¥250,000	
20	利益の合計			¥10,776,558	¥16,295,087	¥18,341,753	
21							
22	コスト (初期投資投資を除く)		年	1	2	3	
23	売上原価			¥4,048,000	¥6,100,500	¥6,870,800	
24	保守費用			¥36,000	¥36,000	¥36,000	
25	広告宣伝費			¥103,250	¥34,590	¥35,020	
26	減価償却費 (3 年間)			¥250,000	¥250,000	¥250,000	
27	総コスト			¥4,437,250	¥6,421,090	¥7,191,820	
28							
29	合計		年	1	2	3	
30	純利益 (コスト)			¥6,339,308	¥9,873,997	¥11,149,933	
31	税			¥633,931	¥987,400	¥1,114,993	
32	税引後価格格			¥5,705,377	¥8,886,597	¥10,034,940	
33	減価償却費			¥250,000	¥250,000	¥250,000	
34	キャッシュ フロー		(¥750,000)	¥5,955,377	¥9,136,597	¥10,284,940	
35	累計キャッシュ フロー		(¥750,000)	¥5,205,377	¥14,341,975	¥24,626,914	

オフィスソフトの代名詞ともいえる表計算アプリ。計算、表の作成、データの分析、グラフの作成など、幅広い用途で利用されている。

見やすく整理された表を作る！グラフも添えられる

ポイントがしっかりまとめられたプレゼン用のスライドを！

Power Point

「パワポ」の愛称で親しまれているプレゼンテーションアプリ。テキストや写真、動画などを入れて見栄えのするスライドを作成できる。

サンプルデータ を ダウンロードしよう！

本書では、手順解説を実際に操作できるファイルをダウンロードすることが可能です。以下のサイトにアクセスして、本書の紹介ページを表示させ、画面を下にスクロールさせると「データダウンロード」の項目があります。「ダウンロード」ボタンをクリックし、次の画面で「ログインせずに進む」→「ダウンロード」とクリックすればファイルをダウンロードできます。

ファイルは圧縮されていますので、エクスプローラーで「すべて展開」を選んで解凍した状態でお使いください（圧縮されたままでは利用できません）。

データあり
066.xlsx

データがダウンロードできる記事には、このマークがついています。解説ページとデータのファイル名の数字は同じになっていますので、操作してみたいファイルをページを見て選んでください。

https://www.standards.co.jp/book/book-9003

1 本書のWebページにアクセスしたら、画面を下にスクロールさせ、この画面の「ダウンロード」ボタンをクリックします。次の画面では「ログインせずに進む」→「ダウンロード」とクリックします。

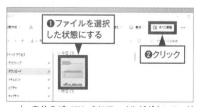

2 自分のパソコン内にファイルがダウンロードされます。ファイルを選択した状態で「すべて展開」をクリックしてファイルを解凍しましょう。お使いの圧縮解凍アプリで解凍しても問題ありません。

3 解凍できるとこのような画面になります。操作を試してみたいアプリの、該当ページのファイルを開けば操作が可能になります。

Officeは どちらを選ぶべき？

現在購入できるOfficeは、具体的には「Microsoft 365 Personal」か「Office Home & Business 2021」の2択になります。なお、Office製品のプロダクトキーが破格で売られて いることもありますが、非正規品である可能性が高いです。インストールや認証ができないなど、トラブルに見舞われるケースがあるため、購入は控えた方が賢明です。

Microsoft 365 Personal

月額（または年額）を支払うことで利用できる、サブスクリプション形式のアプリです。すべてのOfficeアプリが利用でき、インストールできるデバイスの台数の制限もなく、新機能はすぐ利用でき、1TBのオンラインストレージが使えるなどのメリットがあります。

製品名	Microsoft 365 Personal
価格	価格:1万4,900円（年間契約の場合/税込）
ライセンス	1カ月または1年間から選択
インストール台数	無制限（同時接続台数は5台まで）
含まれるOfficeアプリ	Word Excel PowerPoint Outlook OneNote Publisher Access ※OneDriveのオンラインストレージ1TB付

Office Home & Business 2021

追加費用の発生しない、買い切りモデルの製品です。利用できるアプリはWordからPowerPointまで揃っており、一通りの機能が使えます。インストール台数が2台までと少なく、サポートにも期限が存在しますが、定期的に料金を支払う必要がないことがメリットです。

製品名	Office Home & Business 2021
価格	価格:4万3,980円（税込）
ライセンス	買い切り
インストール台数	2台
含まれるOfficeアプリ	Word Excel PowerPoint Outlook

買い切りを選ぶなら サポート期限も考慮しよう

金額で考えると、だいたい3年以上「Microsoft 365 Personal」を利用しますと、「Office Home & Business 2021」の価格を超える形になります。ただしこの買い切りモデルのサポート期限は2026年10月13日までなので、サブスクリプション形式の方がおすすめです。

Chapter 1

読みやすく、理解しやすい
文書を作成しよう!

Word編

Microsoft Word

Wordで できることを知ろう

社内文書から年賀状まで あらゆる文書を作成できる

　Wordは便利な機能を多数備えた文書作成ソフトです。Windows標準の「メモ帳」とは異なり、印刷することを前提にした、見栄えのいい文書の作成を目的としています。文字の大きさやフォントを変えたり、罫線を入れたりといった編集はもちろん、スマートフォンなどで撮影した手持ちの画像をWord上で加工してレイアウトしたり、内蔵機能で作成した図形やグラフを配置するといったこともできます。

　報告書や企画書、プレスリリース、契約書のような社の内外に向けたビジネス文書を作成するためには、Wordが欠かせません。オフィスワークをする上で、必ず使いこなせるようになりたいソフトです。もちろん、プライベートでも幅広く活用できるでしょう。年賀状や暑中見舞い、お礼状、案内状といったハガキや、地図を使った旅行計画書、サークル活動や自治会の文書、備忘録など、何かとWordが活躍してくれるはずです。

ビジネス文書から年賀はがきまで

Wordを使うと、文字のサイズや書体、レイアウトも思いのままに、多彩な文書を作成できます。

写真を使った文書

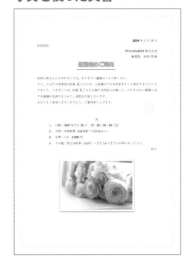

写真やイラストを入れるのも簡単です。素っ気なくなりがちな社内向け文書も、一工夫で目を引くものになります。

アイデア次第で 何でも

例えばこんなものも。子供の家庭学習用のプリントを自作するのもいいでしょう。

書類はお手の物

議事録やレポートのような書類の作成もできます。

はがきにも対応

年賀状や挨拶状、招待状など、はがき文面の作成にも対応できます。

POINT

テンプレートで 手軽に文書作成

　無料で使用できるテンプレートが、マイクロソフトの公式サイトで配布されています（https://templates.office.com/）。ビジネス向けもプライベート向けも豊富に用意されており、デザインに優れた文書を手軽に作成できますので、ぜひ一度はチェックしてみましょう。

WordをはじめとしたOffice向けテンプレートが多数用意されています。

Word

Wordで編集を始めるには

Wordを開いて編集画面を表示してみる

まずWordを起動します。スタートメニューから「Word」を探し、クリックして開きましょう。Wordのスタート画面が表示されたら、続いて「白紙の文書」をクリックし、編集画面を開きます。これでWordで文書を編集する準備が整いました。

スタートメニューからWordを起動

1 | 「スタート」をクリックし、アプリ一覧をスクロールさせ、「Word」を探してください。クリックすると起動します。（画面はWindows10のものです）

「白紙の文書」をクリック

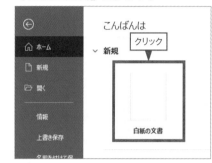

2 | Wordが起動し、ホーム画面が表示されたら「白紙の文書」をクリックしましょう。

編集画面が開く

3 | Wordの編集画面が開き、文書を作成できるようになります。

Wordを終了する

4 | 編集作業を終えてWordを終了させるには、ウィンドウ右上の「×」をクリックします。

保存メッセージは閉じる

5 | ここでは起動と終了の手順を確認するのが目的なので、このメッセージが表示されたら「保存しない」をクリックして終了してください。

Wordをもっと起動しやすくしよう

毎回スタートメニューをスクロールして起動するのは、やや手間です。スタートメニューやタスクバーへ「ピン留め」し、すばやく起動できるようにしましょう。

「Word」を右クリックする

1 | スタートメニューの「Word」上でマウスの右ボタンをクリックすると、メニューが開きます。（画面はWindows 10のものです）

スタートにピン留めする

「その他」→「タスクバーにピン留めする」を選択するとタスクバーにアイコンが表示されます

2 | 「スタートにピン留めする」を選ぶと、スタートメニューにWordのアイコンを表示できます。

Windows11も同様

3 | Windows 11の場合は、スタートメニューが少し変わっていますが、できることは同じです。

重要！

Wordの「基本のき」を覚えよう

基本からひとつずつ順番に覚えていこう

まずは、Wordを構成する各部の名称や機能を把握しておきましょう。

画面の大半を占める白紙の部分に、文字を入力していくのが基本です。入力した文字を装飾したり、画像を挿入したりするときには、画面の上部の「タブ」や「リボン」から機能を選択します。

例えば、フォントの種類や文字の大きさ、段落など、文字に関する編集機能は「ホーム」というタブに分類されており、リボンの中から目的の機能を選択するという形。また、リボンに表示されるボタンの種類や大きさは、ウィンドウの大きさによって変化します。本書で紹介する画面と異なる場合は、ウィンドウを大きくしてみましょう。

文書を作成する際には、もちろん自分で文字を入力する必要がありますが、例えば箇条書きや日付の入力をサポートするといった便利な機能も多数備えられています。ひらがな入力、漢字変換、アルファベット、記号入力といった初歩から、あせらずにしっかりと押さえていきましょう。

Wordの画面構成と文章入力を理解しよう

各部の名称と役割

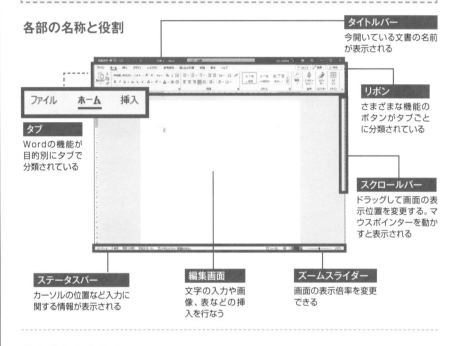

タイトルバー
今開いている文書の名前が表示される

リボン
さまざまな機能のボタンがタブごとに分類されている

タブ
Wordの機能が目的別にタブで分類されている

スクロールバー
ドラッグして画面の表示位置を変更する。マウスポインターを動かすと表示される

ステータスバー
カーソルの位置など入力に関する情報が表示される

編集画面
文字の入力や画像、表などの挿入を行なう

ズームスライダー
画面の表示倍率を変更できる

基本的な文書作成

P20で解説
文書の作成日を自動的に入力する

P13で解説
「ローマ字入力」でひらがなを入力し、漢字に変換する

P18で解説
箇条書きを設定し、先頭に行頭文字を表示する

P23で解説
入力モードを切り替えてアルファベットを入力する

P14で解説
完成したファイルを「ドキュメント」フォルダーに保存する

2024 年 1 月 19 日

社員各位

STANDARDS 株式会社
総務部 山内 利恵

送別会のご案内

記

1. 日時：2024 年 2 月 28 日　18：30〜20：50 予定
2. 会場：中華料理 美陵菜軒（当社向かい）
3. 会費：1 名　3,000 円
4. その他：出欠は幹事（山内）へ 2 月 1 日までにお知らせください。

以上

POINT

リボンに表示するボタンをカスタマイズ

「リボンのユーザー設定」を使うと、リボンから使わないボタンを削除したり、よく使う機能だけをまとめた新しいタブを作成したりできます。リボンの任意の場所で右クリックして「リボンのユーザー設定」を開

き、一通り確認してみましょう。

タブやリボンを使いやすく変更。「リセット」で、標準の状態に戻すこともできます。

ひらがなや漢字を使って 日本語を入力しよう

重要！

文書作成の第一歩
日本語を入力する

　Windowsの日本語入力システムを使い、日本語を入力していきます。ここでは一般的なローマ字入力の方法を解説します。キーボード左上の「半角/全角」キーを押すと、半角英数字と日本語の入力モードが交互に切り替わります。画面下のタスクバーで確認しましょう。

日本語入力モードにする

「あ」と表示される

1 「半角/全角」キーを押し、日本語入力モードにします。（画面はWindows 10のものです）

文字入力する位置を確認

2 マウスカーソルが点滅している位置に文字が入力されます。

「しゃいんかくい」と入力

3 キーボードで「SYAINKAKUI」とタイプし、「しゃいんかくい」と入力します。「しゃいん」の部分は「SHAIN」でもOKです。

漢字に変換する

4 スペースキーを押すと漢字に変換されます。ひらがなのままにするときは、スペースキーを押さずにEnterで確定します。

変換を確定する

5 Enterキーを押して確定します。

「かな入力」を使いたいなら

ローマ字ではなく、かなで日本語を入力するには、IMEの設定を変更します。タスクトレイのIME（「あ」または「A」）を右クリックし、かな入力を有効にします。

IMEを右クリック

右クリックして IME オプションを開きます

1 タスクバーのIMEアイコンを右クリックします。（画面はWindows 10のものです）

「かな入力」を選択

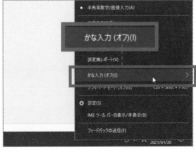

2 メニューが開くので、「かな入力（オフ）」を選択します。

かな入力を有効にする

3 「有効」を選択します。これでかな入力が可能になりました。元に戻したいときは、同様の手順で「無効」を選択します。

Word

13

編集した文書をファイルに保存する

重要!

保存の方法には二種類ある

　Wordで作成した文書は、「名前を付けて保存」や「上書き保存」でパソコン内に保存します。「名前を付けて保存」は、主に新規作成した文書を初めて保存するときに、「上書き保存」は、保存済みの文書の内容を変更し、同じファイル名で保存するときに使います。

ファイルタブを開く

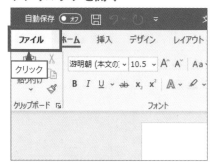

1 左上の「ファイル」タブをクリックします。

「名前を付けて保存」する

2 メニューの「名前を付けて保存」をクリックします。

参照を開く

3 ファイルの保存場所を指定するために「参照」をクリックします。

ファイル名を付けて保存

4 保存場所を選び、「ファイル名」に任意の名前を入力して「保存」をクリックします。ここでは「送別会案内」というファイル名にしています。

ファイルが保存された

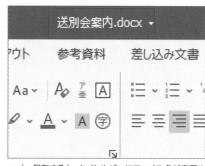

5 保存すると、タイトルバーにファイル名が表示されます。これ以降は、左上のアイコンから「上書き保存」できます。

旧バージョンのWordで開ける形式で保存する

　保存した文書ファイル（docx形式）は、古いバージョンのWordでは開けない場合があります。ファイルの使用目的によっては、旧型式（doc）で保存しましょう。

拡張子を表示させる

1 エクスプローラーの「表示」タブで「ファイル名拡張子」にチェックを入れると、拡張子（「.」の後の文字列）が表示されるようになります。

ファイルの種類を「.doc」に

2 ファイル名を付けて保存するときに、「ファイルの種類」欄をクリックして「Word 97-2003文書」を選択します。

「.doc」形式で保存される

3 現行のファイル形式は「.docx」、旧バージョンで開けるファイル形式は「.doc」となり、アイコンの外見も異なります。

Word

保存済みのファイルを Wordで開く

自分がやりやすい方法で ファイルを開こう

　パソコン内に保存されたファイルをWordで開く（Word上に呼び出す）には、いくつかの方法があります。Wordの起動後に「開く」メニューから目的のファイルを指定する方法が基本になりますが、パソコンの操作に慣れてきたら、ファイルを直接開いても構いません。

Wordを起動する

1 　Wordを起動し、「開く」をクリックします。もし「最近使ったアイテム」欄に目的のファイルがあれば、それを開いても構いません。

「開く」から「参照」

2 　「開く」画面で「参照」をクリックします。

ファイルを選択する

3 　「ファイルを開く」ダイアログが表示されるので、ファイルの保存場所を開き、目的のファイルを選択して「開く」をクリックします。

ファイルが開く

4 　編集画面が開き、内容が表示されました。

直接ファイルを開く

5 　保存先フォルダーで文書ファイルをダブルクリックして開くこともできます。この場合、Wordは自動的に起動します。

「最近使ったファイル」で 直接ファイルを開く

　一度開いたことがあるファイルなら「最近使ったファイル」を使っても便利です。Wordのアイコンを右クリックしたときに表示されるメニューから利用できます。

タスクバーのアイコンから開く

1 　タスクバーのWordのアイコンを右クリックしたときに表示される「最近使ったアイテム」から、文書ファイルを直接起動できます。

よく使うファイルをピン留めする

2 　ファイル名の右側の「一覧にピン留めする」アイコンをクリックすると、使用時期に関わらず、常にそのファイルが表示されるようになります。

スタートメニューからも使える

3 　スタートメニューのWordアイコンを右クリックしても「最近使ったアイテム」が表示されます。（画面はWindows 10のものです）

Word

重要!

文書を作成する前に 用紙のサイズを選択する

設定しないままで 作成を始めると大変

文書作成時に最初にやることは、印刷するときの用紙サイズの設定です。あとからサイズを変更することもできますが、文字の大きさは変わらないので、レイアウトが大きく崩れます。目的にあった用紙サイズを設定しておきましょう。

レイアウトタブを表示

1 「レイアウト」タブに切り替えます。

用紙を選択する

2 「サイズ」をクリックし、使いたい用紙を一覧から選択します。

サイズが変更された

3 編集画面の用紙サイズが変更されました。

用紙を後から変更すると…

4 最初に用紙サイズを変更せず、はがきをA4サイズで作ってしまいました。

レイアウトが崩れた!

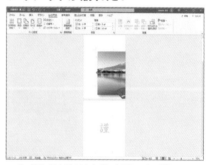

5 後からはがきサイズに変更しても、どうにもなりません。

目的の用紙サイズが 見つからないときは

選択できる用紙サイズは、使用しているプリンターによって異なります。手差し給紙で一覧にない用紙に印刷する場合は、サイズを自分で設定します。

「その他の用紙サイズ」を選ぶ

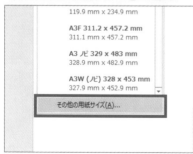

1 「レイアウト」タブの「サイズ」メニューから、「その他の用紙サイズ」を選択します。

サイズを指定する

2 サイズと給紙方法を選択します。給紙方法の名称はプリンターによって異なります。

印刷の向きの指定

3 もしテスト印刷で縦横がおかしければ「印刷の向き」を設定します。

Word

文字のフォントや サイズを変更する

文字を効果的に 装飾してみよう

　入力した文字列のフォント（書体）やサイズを変更し、より読みやすくしてみましょう。例えば、見出しには目立つフォントを使い、文字を大きくすると効果的です。文字を太字や斜体にしたり、文字に下線や囲み罫を追加したりすることもできます。

文字列を選択する

1　フォントやサイズを変更したい文字列を、マウスをドラッグして選択します。

フォントを選択する

2　文字に割り当てるフォントを一覧から選択します。ここでは「HG丸ゴシックM-PRO」を選択しました。

サイズを変更する

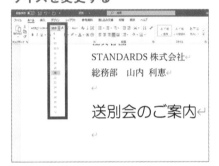

3　フォントの隣がサイズです。数字にマウスポインターを合わせると同時に文字の大きさが変わりますので、それを見ながら設定しましょう。

太字にする

4　見出しや強調したい文字列などは、必要に応じて太字にしましょう。フォント名の下の「B」をクリックします。

選択を解除する

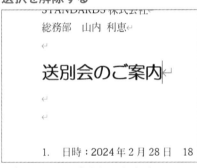

5　フォント、サイズ、太字の設定が反映されました。

Word

範囲選択時の ミニツールバーを使う

　文字を選択すると、上に「ミニツールバー」が表示されます。フォントやサイズの変更などの機能は、このミニツールバーからでも利用できます。

「ホーム」タブ以外でも使える

1　文字列を選択すると同時に、ミニツールバーが表示されます。「ホーム」タブ以外を表示している時にも、即座に文字サイズの変更などが行なえて便利な機能です。

ミニツールバーが消えた場合

2　マウスを動かしてミニツールバーが消えてしまった場合は、選択した文字列を右クリックします。

再び表示された

3　ミニツールバーが再表示されました。

文字の配置を変更する

文書の目的に合った見やすいレイアウトに

　Wordで入力した文字は、通常左端に揃えた状態になっていますが、例えば日付や担当者名は右揃え、見出しは中央揃えと、内容によって文字列の配置を変更したいケースも出てきます。そんな「文字揃え」の変更のしかたを見ていきましょう。

日付の行を指定する

1 日付が入力されている行をクリックし、カーソルを表示させます。

「右揃え」をクリック

2 「ホーム」タブの「段落」にある「右揃え」アイコンをクリックします。

複数の行を右揃えに

3 日付が右端に移動しました。今度は社名と担当者名の2行を一度に右揃えにするために、マウスでドラッグして選択します。

社名と担当者名を移動

4 「右揃え」アイコンをクリックし、社名と担当者名の2行を右揃えにします。

タイトルを中央に配置する

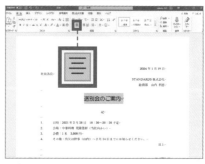

5 同様に「送別会のご案内」を選択し、「中央揃え」のアイコンをクリックします。文書のタイトルが行の中央に配置されました。

複数の行や文字をすばやく選択する

複数の行を選択するときは、マウスポインターを余白部分で縦にドラッグすると簡単です。マウスのクリックで単語や段落を選択する方法も使いこなしましょう。

余白でドラッグする

1 余白部分をドラッグすることで一気に複数の行を選択できます。ドラッグする方向は上からでも下からでも構いません。

ダブルクリックで単語を選択

2 文字の上でダブルクリックすると、単語として認識された部分が自動選択されます。

簡単に段落を選択

3 すばやく3回クリックすると、マウスポインターの位置が含まれる段落が選択されます。

行頭文字を使った 箇条書きを入力する

行頭文字は 自動入力される

　明確にしたい情報を箇条書きにすることがありますが、箇条書き機能を使うと、行頭につける記号や文字が自動入力されます。入力済みの段落を箇条書きにすることも、これから入力する段落を箇条書きにすることもできます。

段落を選択する

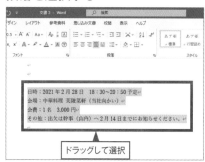

1 ｜ 箇条書きにしたい段落を選択します。

箇条書きを適用する

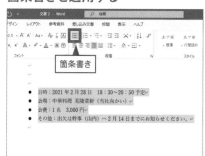

2 ｜ 「箇条書き」をクリックすると、各段落に行頭文字「●」が挿入されました。

段落番号を使う

3 ｜ 「段落番号」を使うと、行頭に番号が挿入されます。

別の行頭文字を使う

4 ｜ 「箇条書き」や「段落番号」の右側の「∨」をクリックすると、他の行頭文字を選択できます。

新規段落で箇条書き

5 ｜ 何も入力されていない行頭で「箇条書き」をクリックする方法もあります。

大事な伝達事項を 「記書き」にする

行頭で「記」と入力すると自動的に中央揃えになり、結語の「以上」が入力されます。記書きをする際は、箇条書きの前に「記」を入力すると便利です。

「記」と入力する

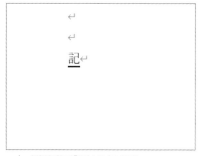

1 ｜ 新規段落で「記」と入力します。

「以上」が挿入される

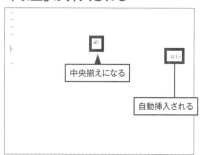

中央揃えになる

自動挿入される

2 ｜ 「記」だけを入力して改行すると、自動的に「以上」が挿入され、文字揃えも変更されます。

伝達事項を入力する

3 ｜ カーソルを移動することなくそのまま必要事項を入力できます。先に「箇条書き」をクリックしましょう。

日付を簡単に入力する

年まで入力すると月と日を自動入力

　西暦や元号を入力すると、以降の日付の入力をサポートする機能があります。最初に入力した当日の日付が入るだけでなく、日を改めて文書を編集し直したときに、その日の日付に自動更新する設定にも変更できます。

西暦を入力する

1 「2024年」と入力すると、当日の日付がポップアップ表示されます。

日付が入力される

2 Enterキーを押すと、月と日が自動入力されます。

元号で入力する

3 西暦の代わりに元号を入力しても、自動的に当日の日付を入力することができます。

日付を自動更新する①

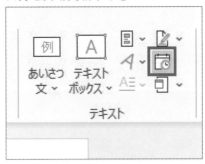

4 編集した日の日付に自動更新させるには「挿入」タブの「日付と時刻」で設定します。

日付を自動更新する②

5 ダイアログが開くので「自動的に更新する」にチェックを入れます。ここでは日付の表示形式も選択できます。

上級技！

時候のあいさつの定型文を入力する

　よく使われる事項のあいさつ文が、定型文として用意されています。月別にまとめられており、一覧から選択するだけで適切なあいさつ文が完成します。

「あいさつ文の挿入」を開く

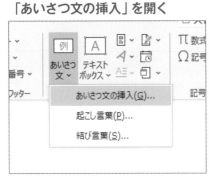

1 「挿入」タブの「あいさつ文」をクリックし、「あいさつ文の挿入」を選択します。

定型句を組み合わせる

2 最初に使用する月を選択し、3つの一覧から使いたい定型句を組み合わせ、「OK」をクリックします。

あいさつ文が挿入される

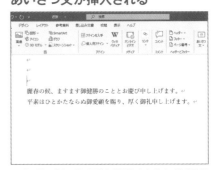

3 組み合わせた定型文が挿入されます。適宜改行を入れて読みやすくしましょう。

文字列をコピーして もう一度入力する

同じ文字はコピーで 簡単に入力できる

　入力済みの文字をもう一度入力したいときには「コピー」と「貼り付け」を使うと便利です。コピーと貼り付けは電卓のメモリー機能のようなイメージで、コピーされた文字列は一時的にパソコンに記憶され、貼り付け時に呼び出されます。

文字列を選択する

1 コピーしたい文字列を、マウスをドラッグするか、Shiftキー＋カーソルキーで選択します。

文字列をコピーする

2 「ホーム」タブの「コピー」、右クリック→「コピー」、Ctrl＋Cのいずれかでコピーします。

貼り付ける位置を指定

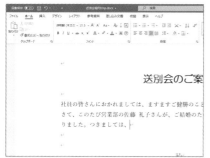

3 文字列を貼り付けたい場所にカーソルを移動させ、「ホーム」の「貼り付け」、あるいはCtrl＋Vで貼り付けます。

文字列が貼り付けられた

4 コピーした文字列が貼り付けられました。「貼り付けのオプション」については下記を参照してください。

何度も貼り付けられる

5 同じ文字列を何度も貼り付けられます。誤って貼り付けた文字はCtrl＋Zで取り消すことができます。

貼り付けのオプションの 使い方は？

「貼り付けのオプション」を使うと、フォントやサイズを維持する、図として貼り付ける、貼り付け先の書式に合わせる、といった貼り付けができます。

貼り付けの種類

上から順に「元の書式を保持」「書式を結合」「図として貼り付け」「テキストのみ保持」で貼り付けた結果です。

POINT

「書式を結合」とは

　コピー元の書式のうち、貼り付け先に設定されていない書式を加える設定です。貼り付け先にはフォントやサイズ、文字色は必ず設定されていますので、それ以外の太字、下線、上付き文字などの書式が対象になります。

入力した文字を目的の漢字に変換する

文脈を判断できる長さで変換しよう

入力した文字を漢字に変換するときには、日本語入力システムが文脈を判断しています。ある程度は正しく予測変換されますが、人名のような文脈から予測できない漢字や同音の多い漢字を変換する場合は、候補の中から目的の漢字を自分で選びます。

読みを入力する

1 変換する文字の読みを入力します。ここでは人名の「りえ」とします。

漢字に変換する

2 スペースキーで変換すると、「理恵」と表示されました。しかし、目的の漢字は「利恵」です。

変換候補一覧を表示する

3 もう一度スペースキーを押すと、変換候補が一覧で表示されます。目的の漢字をカーソルキーやマウスで選択します。

正しい漢字に変換された

4 Enterキーで確定し、目的の「利恵」に変換されました。

同音異義語の変換

5 変換候補が多数あるときは、9以降の候補を表示するとこのような表示に変わり、単語によっては意味も表示されます。

予測入力機能の表示を切り替える

WindowsのIMEには、予測入力という機能があります。この機能がオンになっている場合、入力中に変換候補が表示されますが、非表示にもできます。

入力中に表示される

1 予測入力機能は、読みを入力している途中に変換候補を表示します。目的の候補があれば、カーソルキーやマウスで選択できます。

設定変更の方法①

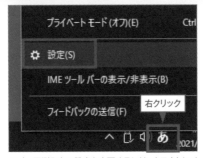

2 予測入力の設定を変更するには、タスクトレイのIMEのアイコンを右クリックし、「設定」を開きます。（画面はWindows10のものです）

設定変更の方法②

3 「全般」メニューの「予測入力」で設定を変更します。「オフ」のほか、何文字で予測変換候補を表示するかを設定できます。

重要！

アルファベットを入力する

入力モードや半角と全角の違い

文字の入力モードには「ひらがな」と「半角英数」がありますが、アルファベットはいずれのモードでも入力することができます。また、文字自体にも、半角文字と全角文字の二種類があります。これらの違いと入力方法について見ていきましょう。

半角英数モードに

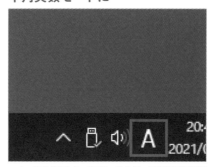

1 半角/全角キーを押し、入力モードを「半角英数」にしておきます。（画面はWindows 10のものです）

アルファベットを入力

Shiftキーを押しながら入力

2 キーボードで入力した通りの文字列が入力されます。Shiftキーを押しながら入力すると大文字になります。

すべて大文字で入力する

MICROSOFT OFFICE

3 Shiftキーを押しながら入力するほかに、Caps Lockキーをオンにした状態で入力する方法もあります。

ひらがなモードで入力

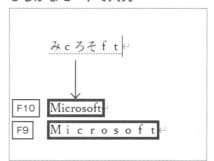

4 ひらがなモードでは、F9やF10キーでアルファベットに変換できます。キーを押すたびに、大文字、小文字、頭文字のみ大文字と切り替わります。

F6	ひらがなに変換
F7	全角カタカナに変換
F8	半角カタカナに変換
F9	全角アルファベットに変換
F10	半角アルファベットに変換

Word

日本語入力モードで英単語を入力する

一般的な英単語なら、カタカナ読みを入力してアルファベットに変換することもできます。正確なスペルがわからないときなどに活用しましょう。

英単語が変換候補に

1 カタカナ語を変換すると、候補に英単語が表示されます。変換は単語ごとで、和製の複合語は分けて変換する必要もありますが、便利な機能です。

一時的にアルファベット入力

2 日本語入力モードのままでも、Shiftキーを押しながら入力すると半角アルファベットが入力されます。

郵便番号で住所入力

3 アルファベットではありませんが、7桁の郵便番号から住所に変換することもできます。

重要!

文字を装飾する
視覚効果を加えよう

データあり
024.docx

Word

ポイントで活用して
デザイン性を高める

「フォント」グループの「文字の効果と体裁」を使うと、文字を縁取りや影などで装飾できます。一覧から選ぶだけで設定できるので、文書のタイトルなど、読み手に印象付けたい部分で効果的に活用しましょう。色などを個別に設定することもできます。

装飾する文字を選択する

1 「文字の効果と体裁」を設定する文字列を選択します。

効果の一覧を表示させる

2 「ホーム」タブの「文字の効果と体裁」アイコンをクリックすると、効果の一覧が表示されます。

効果を設定する

3 任意の効果を設定します。効果の一覧にマウスポインターを合わせると、確定前に設定後のイメージを確認できます。

文字の色を変更する

4 「フォントの色」アイコンで、好みの色合いに変更することもできます。

効果を追加する

5 「文字の効果と体裁」の下のメニューから、影や光彩といった効果も追加できます。

上級技!

ワードアートを使った
デザイン文字

「挿入」タブにある「ワードアートの挿入」を使うと、デザインされた文字を図形として挿入できます。回転させたり、自由な位置に配置したい場合に使います。

ワードアートの設定

1 「ワードアート」は「挿入」タブにあります。こちらは文字入力の前に一覧からスタイルを選びます。

ワードアートが表示される

2 ワードアートが表示されました。ここで任意の文字列を入力します。

角度や大きさも変えられる

3 図形として扱われるため、文字に比べて拡大縮小や回転、配置が自由にできます。

行と行の間を広げて読みやすくする

データあり
025.docx

より読みやすい行間に調整する

適切な行間が取られていない文章は、窮屈で読みづらくなります。Wordの場合、初期設定でもそれなりの行間が取られますが、読みやすさの感じ方には個人差がありますし、フォントの種類によっても印象が左右されます。そんな行間の調整のしかたを覚えましょう。

行間を調整する行を選択

ドラッグして選択

1 | 行間を調整したい行をドラッグして選択します。

行間を設定する

2 | 「ホーム」タブの「行と段落の間隔」から、適切な数値を選びます。プレビューを見ながら選択しましょう。

可読性が上がった

社員の皆さんにおかれましては、さて、このたび営業部の佐藤 礼りました。つきましては、佐藤する感謝の気持ちをこめて、送別ぜひともご参加くださいますよ

▶

社員の皆さんにおかれましては、さて、このたび営業部の佐藤 礼りました。つきましては、佐藤する感謝の気持ちをこめて、送別ぜひともご参加くださいますよ

3 | 「1.15」にした結果、初期設定の「1.0」に比べて少し行間が広くなり、読みやすくなりました。

Wordでの「行間」の定義

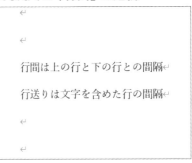

行間は上の行と下の行との間隔
行送りは文字を含めた行の間隔

4 | Wordでは、文字の上端から次の行の上端までの「行送り」を行間と呼んでいます。本来は、文字の上下の間隔が行間です。

行間を自分で微調整するには

上級技!

行間を設定する際、一覧の数字から選ぶだけでなく、任意の数値を入力することもできます。数値を小さくすれば、逆に行間は狭くなります。

「行間のオプション」を選択

1 | 「行と段落の間隔」のメニューから「行間のオプション」を選択し、「段落」ダイアログを開きます。

「固定値」を選択し数値を入力

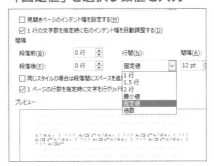

2 | 「間隔」欄にある「行間」を「固定値」に変更し、右の「間隔」の数値をプレビューを参考に入力します。

POINT

「間隔」の「pt」とは

「pt」は「ポイント」と読み、DTPや印刷で使われる単位です。主に文字のサイズを表すときに使われ、1ptは約0.35mmとなります。

Word

異なる文字数の項目を同じ幅に調整する

複数の文字列の幅を揃える「均等割り付け」を活用

　箇条書きの項目名など、文字数が異なる複数の文字列を同じ幅に揃えたいときには、「文字の均等割り付け」を使うと便利です。スペースやタブで調整するよりも正確で、長い文字列を縮めて収めることもできます。見出しや強調したい単語など、単体の文字列にも適用できます。

文字列を選択する

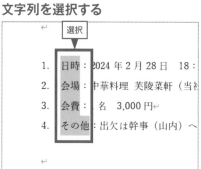

1 幅を揃えたい文字列を選択します。複数の範囲は、Ctrlキーを押しながら選択します。

「均等割り付け」を開く

2 「ホーム」タブ「段落」グループの「均等割り付け」をクリックします。

幅を指定する

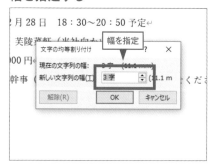

3 文字列の幅を指定します。一番長い文字列と同じ幅にするといいでしょう。

均等になった

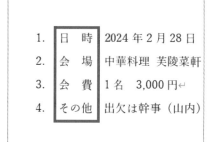

4 3文字の「その他」に合わせ、1～3の項目名も3文字分で割り付けられました。

縮めることも可能

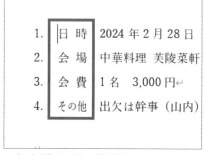

5 文字数より少ない幅も指定できます。この例の場合は「2.5文字」を指定しており、「その他」という文字が少し縦長になっています。

段落記号を含めないようにする

均等割り付けを設定する際、段落記号を含めて選択すると、ダイアログが開かずに文字が用紙の幅いっぱいに広がります。段落記号を含めないよう操作しましょう。

段落の「均等割り付け」

1 段落に適用された状態です。文字列を指定せずに「均等割り付け」をクリックしても同じ状態になります。

見出しに適用する

2 段落への「均等割り付け」は本文にはあまり向きませんが、見出しなどに使うと雰囲気が変わり、効果的な場合もあります。

重要！

複数行の行頭を まとめて字下げする

データあり
027.docx

書き出しの位置を揃えて 箇条書きや引用を見やすく

「字下げ」は行頭に空白を挿入し、先頭の文字を右にずらすことで、Wordでは「インデント」と呼ばれます。空白を挿入するのと異なり、複数の行の書き出し位置をまとめて字下げでき、段落の文字数が変わっても空白がズレません。箇条書きや引用に使用すると読みやすくなります。

行を選択する

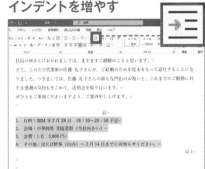

1 インデントを設定する行を選択します。

インデントを増やす

2 「ホーム」タブの「インデントを増やす」をクリックします。1回クリックするごとに1文字分字下げされます。

インデントが適用された

3 4回のクリックで4文字分字下げされました。

インデント適用後は、なるべく文書全体を見てバランスを確認しましょう。下げすぎた場合は「インデントを減らす」で戻せます。

インデントマーカーで 字下げする

ルーラー上の「インデントマーカー」を利用すると、1行目のみの字下げなど、より細かくインデントを設定できます。行末を上げる右インデントも可能です。

ルーラーを表示する

1 「表示」タブにある「ルーラー」にチェックを入れると、ルーラーが表示されます。

インデントマーカーの見かた

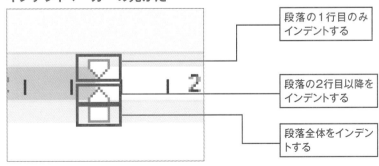

段落の1行目のみ インデントする

段落の2行目以降を インデントする

段落全体をインデントする

2 3つのマーカーがあり、それぞれ役割が異なります。

Word

2行目以降に有効な ぶら下げインデント

見出しを残して 本文だけ字下げできる

「ぶら下げインデント」は、段落の2行目以降にインデントを適用する機能です。通常は1行目の書き出しを下げますが、それとは逆に1行目だけ頭が飛び出る形です。「見出し＋説明文」という形の段落や、「発言者名＋発言内容」で書かれる対談などの記録で使うと便利です。

適用範囲を選択する

1 | ぶら下げインデントを設定したい段落を選択します。

マーカーを動かす

2 | ルーラー上にある「インデントマーカー」の「△」を動かし、字下げ位置を決めます。

設定完了

3 | 各段落の2行目以降にインデントが設定されました。1行目は変わっていません。

タブで調整する

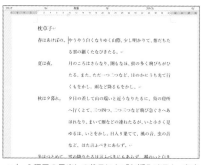

4 | 1行目の見出しの後らにタブを挿入すると、本文の書き出しを2行目以降と揃えられます。

ダイアログで設定する

5 | 「段落」右下のアイコンをクリックすれば、ダイアログ上で設定することもできます。

タブ記号を表示する

タブは一定の間隔を取る時に便利です。画面上ではスペースと区別が付かないので、タブの編集記号を表示させましょう。改行記号と同じく、印刷はされません。

「オプション」を表示

1 | 「ファイル」画面左下の「オプション」をクリックします。

「タブ」にチェック

2 | 「Wordのオプション」が開いたら、「表示」→「常に画面に表示する編集記号」の「タブ」にチェックを入れます。

タブ記号が表示される

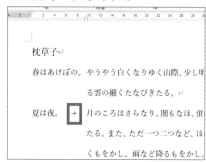

3 | タブ記号「→」が表示されました。

Word

見出しやキーワードを罫線で強調する

データあり
029.docx

下線や囲みで文字を目立たせる

文字列を枠で囲みたいときや、区切り線を引きたい場合には、罫線を使います。罫線は主に段落を対象に設定するもので、文字を対象にした場合は設定に関わらず囲み罫線になります。段落中の文字にアンダーラインを引きたい場合は「下線」を使いましょう。

下線を引く段落を選択

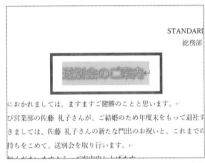

1 ここでは例として見出しに下線を引きます。余白をクリックして見出しの段落を選択します。

「下線」を選択する

2 「罫線」アイコンの「▼」をクリックし、「下罫線」を選択します。

罫線が引かれた

3 文字の下に罫線が引かれました。ただ、この例では左右に長すぎて、バランスがよくありません。

罫線の幅を調整する

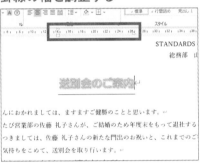

4 ルーラーのインデントマーカーを使うと、罫線の幅を調整できます。

フォントに下線を引く

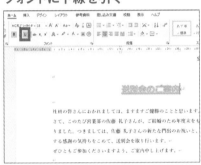

5 「フォント」グループの「下線」を使うと、フォントと同じスタイルでアンダーラインが引かれます。

罫線の線種や太さを変更する

罫線には、実線以外にも点線や波線など多数の線種が用意されており、太さや色を変えたりすることも可能です。切り取り線などにも応用しましょう。

設定ダイアログを開く

1 「罫線」の右の「▼」をクリックし「線種とページ罫線と網かけの設定」をクリックします。

罫線の設定をする

2 ダイアログが開きます。プレビューを見ながら線の種類や太さなどを設定しましょう。

罫線が変更された

3 罫線が太い点線になりました。なお、変更した設定は、新たに引く罫線に適用されます。

ページのまわりを
模様入りの罫線で飾る

文書全体が
にぎやかな雰囲気に

　「ページ罫線」を使うと、文書の余白部分をさまざまな飾りや模様で飾ることができます。ビジネス文書では使いどころを選びますが、プライベート用途には楽しい機能です。各種のメッセージカードや、賞状、名札などに利用するといいでしょう。

設定ダイアログを開く

1 | 「罫線」の右の「▼」をクリックし「線種とページ罫線と網かけの設定」をクリックします。

「ページ罫線」タブを開く

2 | ダイアログが開いたら「ページ罫線」タブをクリックします。

罫線の種類と太さを選ぶ

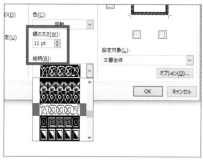

3 | 「絵柄」から罫線に使いたい絵柄を選びます。太さは絵柄によって変わりますが、「線の太さ」で調整もできます。

罫線の色を選択する

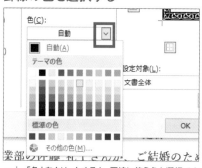

4 | 「色」をクリックすると、罫線に使う色を選択できます。色を選べない絵柄もあります。

罫線が適用された

5 | ページの余白部分に罫線が設定されました。

一度で決めずに
色々なパターンを試そう

　ダイアログ上で表示される「絵柄」は簡略的なもので、実際に適用すると印象が違います。色や太さも変えながら、ふさわしい罫線を探してみましょう。

「絵柄」からは想像しにくい

1 | よくわからない「絵柄」でしたが、適用してみると電球だとわかりました。

色や太さで印象が変わる

2 | 同じ絵柄でも、色や太さによって雰囲気が変わってきます。一見くどい印象の絵柄も、淡い色で細めにすると悪目立ちしません。

Word

写真や図形を使って映える書類を作成しよう

Wordだけで画像の加工もできる

「百聞は一見に如かず」というように、文書に写真を加えると、情報をより伝えやすくなります。また、イラストをワンポイントで使うだけでも目を引く効果があり、読み手に興味を持って読んでもらえるようになります。

写真はただ手持ちのものを挿入するだけでなく、画像編集アプリのように、明度やコントラストを変更したり、アーティスティックな効果を加えたりすることができます。また、フォトフレームに入れたり、影を加えたりといったスタイルも設定できます。

また、Wordをはじめとした Microsoft 365の各アプリでは、多数のイラストやアイコンが用意されています。絵心がなくても、一覧から選ぶだけで楽しい文書に仕上げることができます。

「図形」機能を使えば、文書を装飾したり、内容を補足する模式図などを作ったりするのも簡単です。さまざまな形の図形を組み合わせれば、地図やフローチャートなども作成できるでしょう。

写真やイラストで目を引く書類に

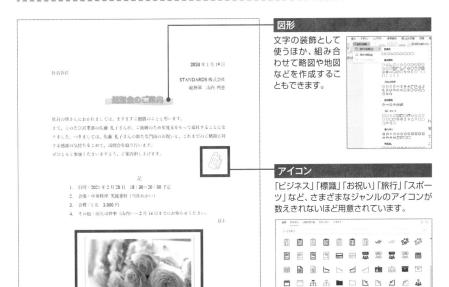

図形
文字の装飾として使うほか、組み合わせて略図や地図などを作成することもできます。

アイコン
「ビジネス」「標識」「お祝い」「旅行」「スポーツ」など、さまざまなジャンルのアイコンが数えきれないほど用意されています。

アート効果
一覧から選択するだけで、スケッチ風や油絵風など、写真にアート効果を加えられます。

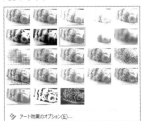

スタイル
写真に枠をつけたり、角度を変えたり、影をつけたりすることができます。

POINT

「ストック画像」が無料で使える

Microsoft 365では、ロイヤリティフリーの「ストック画像」が自由に利用できます。高品質な画像が多数用意されていますので、Wordはもちろん、ExcelやPowerPointでもぜひ活用しましょう。

「挿入」→「画像」→「ストック画像」と選択し、画像を探しましょう。

重要!

文書内に画像を挿入する

データあり
032.docx

画像データを指定するだけ

　文書の中に、写真やイラストのような画像を挿入する方法を見ていきます。デジカメやスマホで撮影した写真は、あらかじめパソコン内に保存しておきましょう。あとは保存した画像ファイルを呼び出すだけで、文書内に画像を挿入できます。

「挿入」タブ→「画像」

1 画像を挿入する位置にカーソルを表示させておき、「挿入」タブの「画像」をクリックします。

挿入する画像を選ぶ

クリック

2 「このデバイス」をクリックするとダイアログが開くので、画像ファイルを選択して「挿入」をクリックします。

画像が挿入された

3 画像が挿入されましたが、サイズが大きかったので、2ページ目に表示されてしまいました。

サイズを調整する

4 四隅のハンドルをドラッグして縮小すると、1ページ目に画像が収まります。

配置を変更する

5 「段落」の「中央揃え」でセンターに配置しました。文書内の好きな位置に配置する方法は次ページで紹介します。

「位置」メニューで画像を配置する

「位置」を使うと、画像を指定した位置に配置できます。選べる位置は9通りですが、文字の折り返しが自動設定され、配置後に移動させることもできます。

「位置」を開く

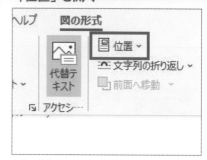

1 移動する画像を選択した状態で「図の形式」タブの「位置」をクリックします。

画像配置場所を選ぶ

2 メニューから画像を配置したい位置を選択します。

画像の位置を調整する

3 配置した後でも、画像の位置を変更したり、大きさを変えたりできます。

さまざまな位置に画像を配置する

文中に画像を置いて文字を回り込ませる

文書に画像を挿入すると、初期状態では「行内」という設定になっており、画像は文字と同じ扱われ方をします。段落内の自由な位置に画像を配置するには、画像に対して「文字列の折り返し」を設定します。

「行内」の扱われ方

1 「行内」で写真を配置すると、ひとつの行の中に文字と写真が同時に存在する状態になります。

レイアウトオプションを表示

2 画像右上に表示されているアイコンをクリックし、「レイアウトオプション」を表示し、「文字列の折り返し」を選択します。

文字が画像で折り返された

3 「四角形」を選択した例です。段落中に画像が配置され、文字が折り返されています。

画像を移動する

4 画像をドラッグすることで、かなり自由な位置に移動できます。

文字の背面に配置

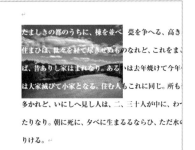

5 「背面」では文字の下に画像が配置され、背景として写真を使うことができます。

Word

画像と文字の間をもっと広げるには

画像と文字が近すぎたり、アート効果を使って空きすぎたりした場合は、「折り返し点の編集」で折り返し位置を自分で決めることもできます。

「折り返し点の編集」を選ぶ

1 「図の形式」→「文字列の折り返し」→「折り返し点の編集」を開きます。

折り返し点を動かす

2 画像の四隅に折り返し点が表示されるので、ドラッグして折り返し位置を決めます。

間隔が広がった

3 文字と画像の間に余裕ができました。

上級技!

Word

写真のまわりを飾ったり
ぼかしたりする

データあり
034.docx

地味な写真も
華やかに変わる

　「スタイル」を使うと、写真に枠や影を付けるなどの加工ができます。例えば、ただ配置しただけでは味気ないようなシンプルな写真でも、文書の内容に合わせて雰囲気を一変させることができるでしょう。特に、紙の色に近い白っぽい写真に使うと効果的です。

「スタイル」を開く

1 画像を右クリックし、「スタイル」をクリックして開きます。

スタイルを選択する

2 スタイルの一覧が表示されるので、プレビューを見ながら使いたいスタイルを選択します。

さまざまなスタイル①

3 「シンプルな枠、白」というスタイルです。写真を貼り付けたような雰囲気になりました。

さまざまなスタイル②

4 「透視投影、面取り」というスタイルです。

さまざまなスタイル③

5 「楕円、ぼかし」というスタイルです。

Word

写真の色合いや
明るさを調整する

　実際に画像を配置してみると色合いや明るさが気になることもありますが、簡単なレタッチなら、画像編集ソフトを使わなくても、Wordの機能でできます。

明るさやコントラストの修正

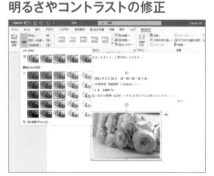

1 画像を選択し、「図の形式」タブで「修正」をクリックします。暗い写真を明るく修正したりできます。

色合いの変更

2 「色」では、画像の彩度や色温度を調整したり、モノクローム調にすることができます。

明るさとコントラストを上げた

3 変更前に比べて、ビビッドな印象になりました。

写真をアート効果で加工する

文書の内容に合わせて写真の雰囲気も変えよう

　鉛筆書きのスケッチや油絵のように、写真を絵画調に加工してくれる「アート効果」という機能があります。そのまま写真を使うと強すぎる印象を和らげたいときや、人物の顔をぼかしたいときなどに便利です。もちろん、写真でなくても画像であれば利用できます。

「アート効果」を開く

1 | 写真を選択した状態で「図の形式」タブの「アート効果」をクリックします。

一覧から効果を選択

2 | 一覧にポインタを合わせると、適用後の状態がプレビュー表示されます。

オプションを使う

3 | 「アート効果のオプション」を使うと、さらに細かい調整ができます。

アート効果が適用された状態です。油絵のような効果の「ペイント:ブラシ」を設定しました。

「トリミング」で写真を切り抜く

　写真の一部だけを使いたいときや、余計なものが写り込んでしまっているときは「トリミング」を使い、不要な部分を切り取りましょう。

「トリミング」を選択

トリミング

1 | 「図の形式」の「トリミング」をクリックすると、画像のふちにハンドルが表示されます。

必要な部分を残す

2 | ハンドルをドラッグし、切り抜く範囲を指定します。

トリミングを確定

3 | もう一度「トリミング」をクリックすると、切り抜きが確定します。

Word

文書にアイコンや
イラストを挿入する

自分でイラストを
用意しなくてもいい

「挿入」タブの「アイコン」には、さまざまな種類のイラストが用意されています。ここではシンプルなアイコンを使いますが、人物の写真やカラフルなイラストを選ぶこともできます。ネットや素材集から探す手間が省け、著作権の問題もありません。

アイコンの挿入

1 「挿入」タブの「アイコン」をクリックします。

ダイアログが開く

2 使いたいイラストを選択します。ここでは「アイコン」から選びます。

イラストが挿入された

3 イラストが挿入されました。このままでは位置が悪いので、「文字列の折り返し」で「四角形」に設定します。

イラストの位置を移動する

4 適切な位置にドラッグして移動します。

さまざまなイラスト

5 「アイコン」のほかにも、「人物の切り絵」「ステッカー」「イラスト」の各カテゴリに多彩な素材が用意されています。

アイコンの色を
変更する

「アイコン」で選べる素材のうち「アイコン」と「イラスト」は色を変更できます。黒のままでは味気ないので、文書に合わせて色を変更しましょう。

グラフィックの塗りつぶし

1 アイコンを選択し、「グラフィックの塗りつぶし」から色を選択します。

色が変わった

2 アイコンの色が変わりました。大きさも変更できます。

回転や反転もできる

3 ハンドルで回転させるほか、「グラフィックス形式」タブの「回転」で、左右や上下の反転もできます。

Word

上級技！

図形を挿入して 文書を装飾する

データあり
037.docx

図形や文字の「重なり」の 理解がポイント

「図形」機能を使うと、丸、四角、三角といった幾何学的な図形や、さまざまな矢印、フローチャート向けの図形、吹き出しなどの図形を簡単に描画できます。文書のタイトル周りが寂しいときの装飾や図解などに使えるのはもちろん、組み合わせ次第では会社のロゴや略地図のようなものも作成できるでしょう。

業務向けの文書には装飾目的の図形は多用すべきではありませんが、アクセントとして活用すると効果的です。

ここで理解したいのは「前面」と「背面」の概念です。図形同士や図形と文字を重ね合わせると、新しく追加した図形が手前、つまり前面になり、先に挿入されていた図形や文字の上に重なる形で表示されます。

重ね順は、前面になっている図形を背面に移動する、あるいは背面の図形を前面に移動することで変更することもできます。図形の数が多い場合は「最前面へ移動」「最背面へ移動」といった機能も活用しましょう。

文書のタイトルを飾ってみよう

挿入する図形を選ぶ

1 | 「挿入」タブの「図形」をクリックし、挿入したい図形を選択します。

図形の挿入範囲を決める

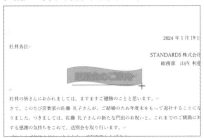

2 | マウスポインタが「+」に変わったら、ドラッグして図形を挿入する範囲を決めます。

図形が入った

3 | 青く塗りつぶされた図形が挿入されました。しかし、文字が隠れてしまいました。

文字を前面にする

4 | 「図形の書式」タブ「背面へ移動」から「テキストの背面へ移動」を選択し、図形を背面、文字を前面にします。

図形のスタイルを選ぶ

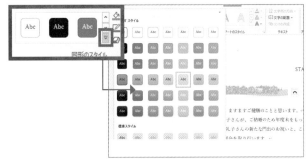

5 | 「図形のスタイル」の「その他」をクリックし、使用するテーマ スタイルを選択します。あとは図形の大きさを微調整して完成させましょう。

Word

POINT

選択できない 背面の図形は？

選択したい図形が別の図形の背面に隠れてしまって選択できないときは、「図形の書式」タブの「オブジェクトの選択と表示」機能を使い、図形の一覧から隠れた図形を選択します。

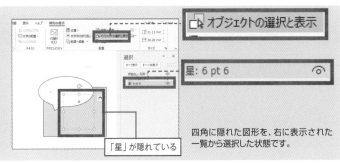

「星」が隠れている

四角に隠れた図形を、右に表示された一覧から選択した状態です。

重要！

文書に表を挿入する

デザインセンス不要で見栄えのいい表を作成

表といえばExcelですが、Wordでも表を作成できます。Wordには表全体のデザインを一瞬で変えられる「スタイル」が多数用意されており、Excelのように自分でセルに色を設定していく必要はありません。誰でも簡単に見栄えのいい表を作成することができます。

表を挿入する

1 「挿入」タブの「表」から、挿入したい表の行と列を選びます。

表のスタイルを選ぶ

2 表の一部を選択した状態で「テーブルデザイン」タブを開き、「表のスタイル」の中からデザインを選択します。

複数のセルを1つにする

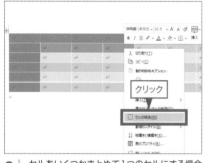

クリック

3 セルをいくつかまとめて1つのセルにする場合は、該当するセルを選択した状態で右クリックし、「セルの結合」を選びます。

セルが結合した

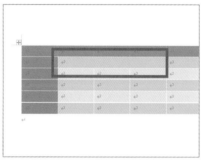

4 選択したセルが結合しました。列や行の幅をまとめて変更したい場合は、罫線部分をドラッグします。

表を完成させる

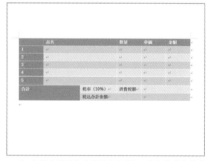

5 セルの結合や文字入力を行い、表を完成させます。

上級技！

タブ区切りのテキストを表に変換する

住所録などのアプリからエクスポートしたタブ区切りテキストは、手軽に表に変換できます。もちろん、Word上で直接タブ区切りで入力しても構いません。

タブ区切りテキストを入力

1 タブ区切りテキストをWord上に入力、または貼り付けて、選択した状態にします。

表を挿入する

2 「挿入」タブ→「表」→「表の挿入」とクリックします。行や列を指定する必要はありません。

表に変換された

3 罫線が引かれ、表に変換されました。セルの幅を調整したり、スタイルを適用するなどして、表を完成させましょう。

上級技!

印刷時に書類の名前やページ番号を追加する

複数枚の書類には入れておきたい

文書の上の余白部分をヘッダー、下の余白部分をフッターと呼び、ここには任意の文字列を追加することができます。資料名やページ番号などを入れておくといいでしょう。特に、書類が複数枚に渡る場合に、バラバラになってもすぐに元に戻せるので便利です。

ヘッダーを挿入する

1 「挿入」タブの「ヘッダー」をクリックし、ヘッダーの形式を選びます。ここでは「空白」を選択します。

ヘッダーを入力する

2 余白部分にヘッダーが設定されます。そのまま文字を入力します。

入力を終える

3 「ヘッダーとフッターを閉じる」をクリックすると、通常の編集画面に戻ります。

ページ番号を入れる

4 「ページ番号」で「ページの下部」を選び、表示形式を選択します。

ヘッダーとフッターが追加された

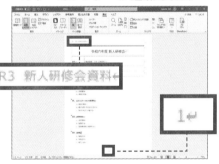

5 ヘッダーとフッターが設定された文書にヘッダーとフッターが追加されました。ページ番号は、ページが増えても自動設定されます。

Word

最初のページにしか設定が反映されない?

ヘッダー・フッター挿入時に「先頭ページのみ別指定」のチェックが入っていると、1ページ目にのみ反映されます。チェックを外して設定しましょう。

全ページに反映させる

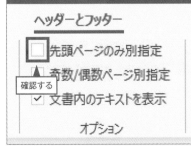

1 「先頭ページのみ別指定」のチェックを外してからヘッダーやフッターを設定します。

先頭ページのヘッダーを変える

2 逆に、「先頭ページのみ別指定」のチェックを入れておけば、1枚めのみヘッダーやフッターを変えることができます。

重要！

作成した文書を
プリンターで印刷する

印刷前には
一通り確認を

　文書が完成したらあとは印刷する
だけですが、誤字脱字や数字、全体
のバランスなどは印刷前に一度一通
りチェックしておきましょう。確認
は編集画面でも構いませんが、印刷
実行前の「印刷プレビュー」には、改
行記号などが表示されないのでおす
すめです。

Backstageビューへ

1 「ファイル」タブをクリックし、画面を移動します。

「印刷」を表示する

2 左メニューの「印刷」をクリックすると、印刷関連の機能と「印刷プレビュー」が表示されます。

プリンターを確認

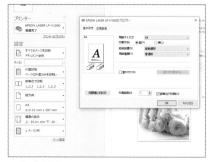

3 「準備完了」であることを確認します。「プリンターのプロパティ」をクリックすると、給紙方法なども確認できます。

ページ設定を確認

4 「設定」を一通り確認します。印刷方向と用紙に注意し、必要に応じて余白を変更します。

印刷を実行する

クリック

5 最後に、「印刷」をクリックして文書の印刷を実行します。

上級技！

PDFファイル化も
印刷機能から実行

　PDF文書として出力する
場合も印刷機能を使います。
紙に印刷した文書と同じ状態
を再現し、メール添付もでき
るPDFは、リモートワークに
も向いています。

プリンターの切り替え

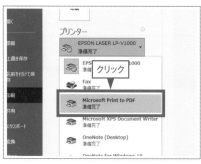

クリック

1 「印刷」画面で、プリンターをクリックして「Microsoft Print to PDF」を選択します。

ファイル名をつけて保存

2 印刷を実行すると「印刷結果を名前を付けて保存」ダイアログが表示されます。保存先フォルダを選び、ファイル名をつけて保存します。

Acrobat Readerで閲覧

3 保存したPDFは、「Adobe Acrobat Reader DC」などのアプリを使って閲覧します。

Word Q&A

Q 次のページに数行はみ出てしまったが内容は変えたくない。用紙1枚に収めるには？

A ページの余白を狭くしてあふれた行を収める

　ほんの1行か2行だけが印刷され、あとは真っ白な用紙を見て、紙の無駄だと思わない人はいないと思います。あふれた行を前のページに収めるには、文字を削る、文字サイズを小さくする、行間を狭くするなど方法はいくつもありますが、ページの余白を変更する方法がおすすめです。余白を標準よりも少し狭めに調整するだけで、内容や可読性をまったく変えることなく、はみ出してしまった行を収めることができます。

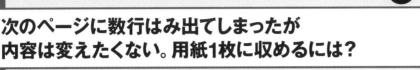

1 2行だけ次のページにあふれてしまった文書。このまま提出するのは少々はばかられます。

2 「レイアウト」タブの「余白」から「やや狭い」を選択した例です。1ページに収まりました。

> あふれていた2行が収まった

> 任意の数値に設定

> ページ設定

3 「ホーム」タブ→「余白」→「ユーザー設定の余白」を使えば、左右の余白はそのままで上下のみ調整するといったこともできます。

4 余白の調整は「印刷」メニューからも行えます。

Q 図につけた説明文の位置の調整が難しい簡単な方法はない？

A 説明文の追加には「図表番号」を使おう

　文書内の写真や図の下に、説明文をつけることはよくあると思いますが、新規にテキストボックスを作成して画像の下に配置する方法では、画像の大きさや位置を変更するたびに説明文も位置がズレてしまいます。テキストボックスではなく「図表番号」を使いましょう。最初から位置が合っている説明文を簡単に挿入できます。さらに「グループ化」を設定しておけば、画像の位置や大きさを変えても説明文はズレません。

> 写真を選択

> 説明文を入力する

1 説明文をつけたい写真を選択した状態で、「参考資料」タブの「図表番号の挿入」をクリックします。

2 ダイアログの「図1」以降に、説明文を入力します。

> 「図1」は削除していい

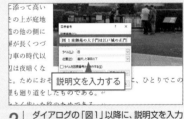

3 説明文が追加されました。「図1」は不要なので削除して構いません。フォントやサイズも変更できます。

4 グループ化を設定するには、写真と説明文を選択して右クリックし、メニューから「グループ化」を選択します。

41

Word Q&A

Word **Excel** **PowerPoint**

 Q 皆が名前の読み方を間違えるので、
文字の上にふりがなをつけたいです

A 「ルビ」機能を使えば
文字にふりがなをつけられる

　読みにくい文字にはカッコ書きで
読み方を補足するやり方もあります
が、特に人名のようなケースではふ
りがな（ルビ）をつけるほうがスマ
ートです。「ルビ」機能を使うと、一
般的な漢字ならある程度自動で読み
方が入力されます。また、文全体を
範囲選択した場合でも単語の区切り
を認識し、単語ごとにルビをつけて
くれます。自動入力されない難読漢
字や外国語、ルビの修正には、右の
方法で個々に設定します。

1 | ルビをつけたい文字列を選択し、「ホーム」
タブの「ルビ」アイコンをクリックします。

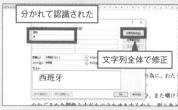

2 | 「西班」と「牙」が別の単語と認識されてし
まいました。このような場合は「文字列全
体」をクリックします。

3 | 「ルビ」欄に読み方を入力します。必要に応
じてフォントやサイズなどを設定し、「OK」
をクリックします。

4 | ふりがながつきました。修正したい場合、
再度選択して同じ操作を行います。

 Q 「最近使ったアイテム」の
一覧に編集したファイルの
名前を残したくない

A

右クリックで削除を

　「最近使ったアイテム」の
履歴は、一覧上でファイル名
を右クリックすれば、すぐに
削除できます。これはExcel
やPowerPointも同様です。

削除したい履歴を右クリックして「一覧から削除」。
「固定されていない項目をクリア」では、ピン止め
されていない履歴をすべて削除します。

 Q Wordの自動校正が
余計なお世話なので
オフにできない？

A

**「自動文章校正」を
オフにする**

　自動文章校正機能の設定は
「オプション」にあります。こ
こでチェックを外しておけ
ば、文書作成中に波線が表示
されなくなります。

「ファイル」メニューから「オプション」を開き、「文
書校正」にある「自動文章校正」のチェックを外し
ます。

Chapter 2

必要な数値が整理された
伝わりやすい表を作る!

Excel編

Microsoft Excel

Excelでできることを知ろう

表の作成と集計やグラフ化が得意分野

　Excelといえば「数字を集計する表計算アプリ」というイメージが強いのですが、想像以上にできることが多いアプリケーションです。

　もちろん、売り上げや経費などの数字を集計する表計算は、一番の得意分野です。見積書や請求書のように、計算が必要な書類の作成には、WordよりもExcelの方が向いているといえるでしょう。数式を設定することで、「任意の割引率を適用して瞬時に合計値を出す」といったことも簡単にできるようになります。手作業で電卓を叩く必要はなく、ミスのない結果が得られます。

　また、棒グラフや折れ線グラフ、円グラフといった多彩なグラフを簡単に作成することができます。表に入力した数値や集計結果から自動的に生成されるため、あとから数値が変更されたり、デザインや色を変更する必要に迫られたりしても、すぐにグラフに反映させられるというのも便利な点です。

　応用次第でさらに色々なことができますが、まずはExcelの基本からマスターしていきましょう。

「表計算」だけじゃない、書類も作れる万能選手

表を作成する

初めから区切られているセルに文字を入力し、色を付けるだけでも表を作成できます。

書類を作成する

請求書や明細書のような、数字が入った書類はExcelで作成しましょう。計算も瞬時です。

表計算する

さまざまな関数を組み合わせれば、複雑な統計や分析もできるようになります。

表からグラフを作る

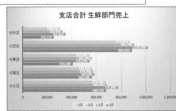

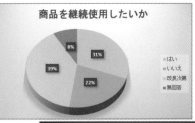

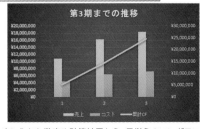

表に入れた数字や計算結果から、見栄えのいいグラフを生成できます。

POINT

データベースとしても便利なExcel

　名簿や住所録、在庫管理などのデータベースとしてもExcelは有用です。条件に合ったデータの絞り込みや、列を指定しての並び替え、検索などの機能を使えば、大量のデータの管理もできるようになります。もちろん、データベースをもとにした集計やグラフ作成も可能です。本書ではデータベースとして使うための具体的な方法については触れていませんが、基本的な機能を理解すれば作成は難しくありません。

あいうえお順に並べる、ある県に住んでいる人だけ抽出するなどの操作が簡単にできます。

Excelの基本
ワークシートを知ろう

データを入力するマス「セル」が基本単位

Excelを構成する各部の名称や機能を把握しましょう。

作業領域にある格子で区切られた表を「ワークシート」と呼びます。必要に応じて、複数のワークシートをタブ切り替えで利用することもできます。Excelのファイルが「ブック」と呼ばれているのは「シートが集まったもの」という考え方からです。

ワークシートに敷き詰められているマス目を「セル」と呼び、このセルへ数字や文字列などを入力していきます。上部の「数式バー」にもセルの内容が表示されますが、数式バーへ計算式を入力してセルに計算結果を表示させたりと、必要に応じて使い分けます。

また、縦方向のセルの集まりは「列」、横方向のセルの集まりは「行」と呼び、特定のセルを指すときには「B7」「E5」のように、列番号と行番号を組み合わせた番地で呼びます。1枚のワークシートで16384列、1048576行が利用できますので、どんなに大きな表を作っても困ることはないでしょう。

Excelの画面構成を理解しよう

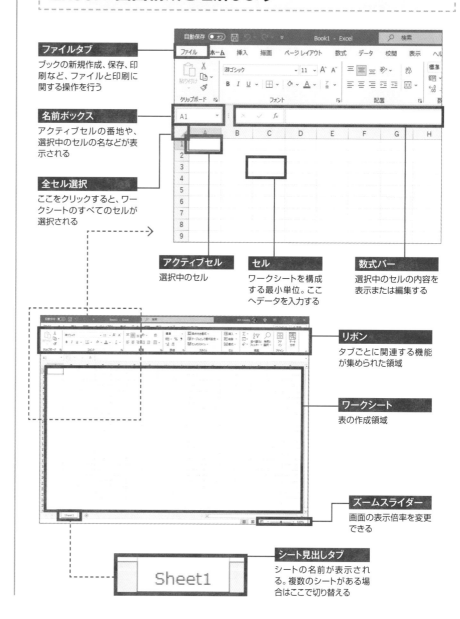

ファイルタブ
ブックの新規作成、保存、印刷など、ファイルと印刷に関する操作を行う

名前ボックス
アクティブセルの番地や、選択中のセルの名などが表示される

全セル選択
ここをクリックすると、ワークシートのすべてのセルが選択される

アクティブセル
選択中のセル

セル
ワークシートを構成する最小単位。ここへデータを入力する

数式バー
選択中のセルの内容を表示または編集する

リボン
タブごとに関連する機能が集められた領域

ワークシート
表の作成領域

ズームスライダー
画面の表示倍率を変更できる

シート見出しタブ
シートの名前が表示される。複数のシートがある場合はここで切り替える

Sheet1

POINT

テンプレートを積極的に利用しよう

Excelのすべての機能を理解していたとしても、必要なブックをゼロから作っていくのは大変です。新規作成時に選択できるオンラインテンプレートを含め、Excel向けのテンプレートはネット上に多数公開され

ていますので、積極的に活用しましょう。そのまま利用しても構いませんし、目的に合わせて改変してもいいでしょう。どのような作りになっているのか、数式などを見ることで勉強にもなるはずです。

必要に迫られたら、まずは目的に合ったテンプレートを探してみましょう。

列や行の数字の 合計値を求める

データあり
046.xlsx

表計算の基本となる 足し算をしてみよう

　一時的に合計値を見たい場合は、セルを範囲選択すればステータスバーに表示されます。表に合計値を記入する必要があるときは、合計値を求める関数を使いましょう。「合計（Σ）」ボタンを使うと簡単に関数を入力できます。

一時的に合計値を見る

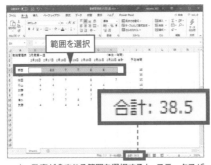

1 数字が含まれる範囲を選択すると、ステータスバーに合計値が表示されます。

「合計」を使用する

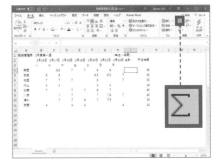

2 合計値を入力したいセルを選択し、「合計（Σ）」クリックします。

数式が表示される

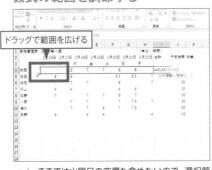

3 合計値を出す範囲が自動選択され、数式が入力されます。自動選択されるのは、選択したセルの左または上の数字が含まれる範囲です。

数式の範囲を調節する

4 ここでは火曜日の空欄も含めたいので、選択範囲を広げ、Enterキーで確定します。

合計値が表示された

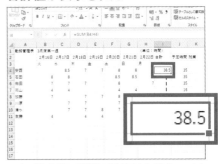

5 「合計」欄に計算結果が表示されました。このように関数を使うと、対象の数値が変わっても合計値は自動計算されます。

同じ方法で平均値や 数値の個数を求める

　「合計」ボタンには「合計」の他にも項目が用意されています。この例では、「平均値」で平均勤務時間が、「数値の個数」で出勤日数が求められます。

他の項目を見る

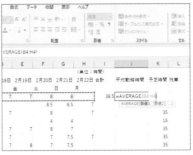

1 「合計」の他に、「平均」「数値の個数」「最大値」「最小値」を選択できます。

平均値を求める

2 勤務時間の平均値を出してみます。左記の手順1で「平均」を選択し、同様に操作します。

結果が表示された

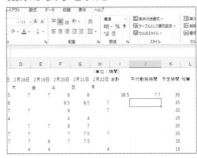

3 1日あたりの平均勤務時間が求められました。

E 重要!

同じ数式を別のセルに コピーする

データあり
047.xlsx

「相対参照」の概念を 理解しておこう

　別の行や列で同じ数式を使うときは、毎回入力せずにコピーを使いましょう。例えば2行目の数式を5行目にコピーしても、対象番地が自動変更され、5行目の計算結果を表示します。このようにコピー先に合わせて対象番地が変わることを「相対参照」と呼びます。

コピー元のセルを選択

セルを選択

1 数式が入ったセルを選択します。この例では「=SUM(B4:H4)」が入っています。

数式をコピーする

2 アクティブセルを示す枠の右下にマウスポインターを置き、フィルハンドルをコピー先のセルまでドラッグして伸ばします。

数式がコピーされた

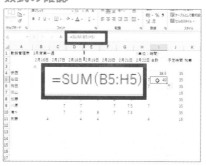

3 コピー先の計算結果が正しく表示されました。

数式の確認

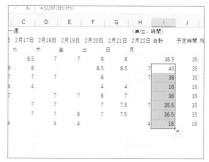

=SUM(B5:H5)

4 数式バーには「=SUM(B5:H5)」と表示され、5行目のセル番地が入っていることが確認できます。

範囲選択でもコピーできる

5 手順2と同様の操作で、同じ数式を複数のセルに一気にコピーすることもできます。

コピーと貼り付けでも 同様に操作できる

　フィルハンドルを使わず、コピーと貼り付けの操作で数式をコピーする方法です。連続していないセルへ数式をコピーするときには、こちらの方法を使います。

セルを選択して「コピー」

1 コピー元のセルを選択し、「コピー」をクリックします。セルが点線で囲まれます。

貼り付けるセルを選択

2 貼り付け先のセルを選択します。貼り付け先は複数のセルでも問題ありません。

数式が貼り付けられた

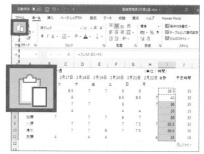

3 「貼り付け」をクリックすると、貼り付け先として選択したセルに数式が入ります。

Excel

重要！

E

セルを指定して
演算記号で計算する

選択セルで
四則演算を実行

馴染み深い四則演算の記号を使い、指定した2つ以上のセルの数値を足し算や引き算などで計算する方法です。このページの例では、実際に勤務した週の労働時間から所定労働時間を引き、残業時間を算出しています。

セルに「=」を入力する

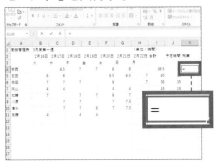

1 計算結果を表示したいセルに「=」を入力します。

参照するセルをクリックする

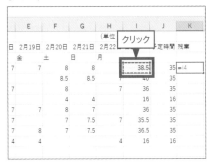

2 計算式のひとつめの数字が表示されているセル（実際の労働時間）をクリックします。この例では「I4」です。

2項目を入力する

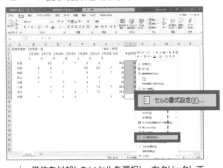

3 演算記号を入力し、続く数字が表示されているセル（予定時間）をクリックします。「=I4-J4」と入力されました。

計算ができた

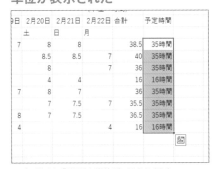

4 Enterで確定すると、計算結果が表示されました。

コピーもできる

5 フィルハンドルをドラッグすれば、他の行にも数式をコピーできます。

E

セルの数字に
単位をつける

「セルの書式設定」で、セル内の数値に単位をつけられます。予め用意されているものもありますが、ここでは「ユーザー定義」を使い「時間」とつけます。

セルの書式設定を開く

1 単位を付加したいセルを選択し、右クリックして「セルの書式設定」を開きます。

単位を入力する

#時間　と入力する

2 「表示形式」タブで「ユーザー定義」を選択し、「種類」に「#時間」と入力します。「#」は数字ひとつ（整数は全桁）を意味します。

単位が表示された

3 数字に「時間」と単位がつけられました。

重要!

数式をコピーしたときの参照先を固定する

「絶対参照」の概念を理解しよう

数式をコピーすると自動的に参照先も移動する「相対参照」は便利な機能ですが、参照先のセルは変えずに計算したいケースもあります。そのような時には、参照するセルを固定する「絶対参照」を使います。セル番地に「$」を入れ「$A$1」のように記述します。

値引額を計算する

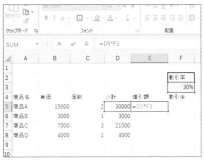

1 割引率を設定したF3の数値を乗算し、E列に値引額を出すとします。

コピーするとエラーが出る

2 そのままコピーすると、エラーが表示されてしまいます。

エラー原因の確認

3 エラーのセルを確認すると、相対参照が適用されてF4で乗算されてしまっています。

絶対参照で番地指定する

4 コピー元の数式のF3をクリックして「F4キー」を押し、「$F$3」と絶対参照番地で記述してコピーします。

正しく計算された

5 絶対参照にした結果、正しい値引額になりました。コピー先のセルにも「$F$3」が設定されています。

数式の計算結果を別のセルにコピーする

数式の計算結果を別のセルにコピーすると、数式がコピーされます。単に数値だけをコピーしたい場合は、「値の貼り付け」機能を使用します。

セルをコピーする

1 コピー元のセルを選択したら「コピー」をクリックし、貼り付け先のセルを選択します。ここまでは変わりません。

値のみ貼り付ける

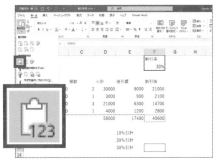

2 「貼り付け」をクリックし、「値の貼り付け」から「値」を選択します。

計算結果だけが貼り付けられた

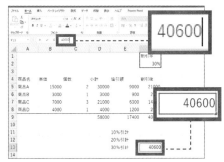

3 数式バーを確認すると、数字のみで数式が含まれていないことがわかります。

ブックに名前をつけて保存する

わかりやすい名前でブックを保存しよう

作成途中の表や完成した表に、名前を付けて保存します。Excelでは、複数のワークシートを本のページのようにひとまとめに扱い、「ブック」として保存します。一度保存したブックの内容を変更したときは「上書き保存」を使い、同じファイル名で保存します。

ファイルタブを開く

1 | 左上の「ファイル」タブをクリックします。

「名前を付けて保存」する

名前を付けて保存

2 | メニューの「名前を付けて保存」をクリックします。

参照を開く

3 | ファイルの保存場所を指定するために「参照」をクリックします。

ファイル名を付けて保存

4 | 保存場所を選び、「ファイル名」に任意の名前を入力して「保存」をクリックします。ここでは「勤務管理表」というファイル名にしています。

ファイルが保存された

5 | タイトルバーにファイル名が表示され、保存されたことが確認できました。これ以降は「上書き保存」で保存できます。

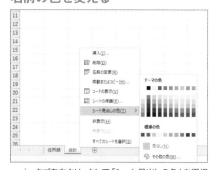

ワークシートを新しく追加する

ブックを新規作成したときのワークシートは1枚だけですが、新たにワークシートを追加すると、複数の表を入れるときなどに管理しやすくなります。

ワークシートの挿入

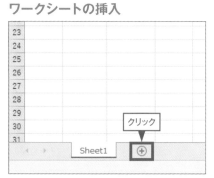

1 | 「Sheet1」の右にある「+」をクリックすると、新しいワークシートが追加されます。

シートの名前を変える

2 | シートのタブを右クリックして「名前の変更」を選択するか、シート名をダブルクリックすると名前を設定できます。

名前の色を変える

3 | タブを右クリックして「シート見出しの色」を選択すると、タブの色を変更できます。

Excel

ワークシートの セルに文字を入力する

アクティブセルに 文字を入力する

　セルに文字や数字を入力するには、まず対象のセルをクリックして「アクティブセル」という状態にします。続けて、文字を入力し、Enterキーを押してセルの内容を確定します。このとき、自動的にアクティブセルが下の番地に移動します。

セルをクリック

1 文字を入力するセルをクリックします。このときに太枠で囲まれる操作対象のセルを「アクティブセル」と呼びます。

文字を入力

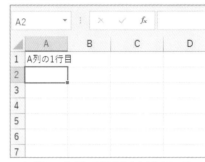

2 例として「A列の1行目」と文字を入力してEnterで確定しました。アクティブセルが下に移動しています。

長い文字列は隠れる

3 右隣のセルにデータが入力されていると、長い文字列はセル幅の分しか見えなくなります。

数式バーで内容を確認

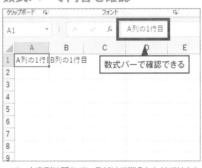

4 文字列は隠れているだけで消えたわけではありません。数式バーで内容を確認できます。

数式バーでも入力できる

5 セル内の文字列は数式バーでも入力や削除といった操作ができます。

データ入力後に 横のセルに移動する

セルに文字を入力したあとにEnterキーを押すとアクティブセルが下のセルに移動しますが、EnterキーではなくTabキーを押すと、横のセルに移動できます。

Enterキーを押す

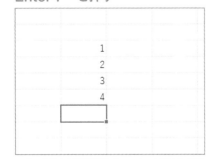

1 文字の変換確定後にEnterキーを押すと、アクティブセルは下へ移動します。

Tabキーを押す

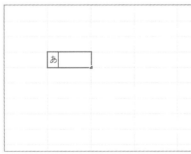

2 文字の変換確定後に、EnterキーではなくTabキーを押します。

右の列に移動する

3 アクティブセルが右へ移動します。入力内容によって使い分けましょう。

日付をセルに入力する

「/」を入れると日付と認識される

セルへ日付を「/」で区切って入力すると、自動的に日付であると認識されて「○月○日」と表示されます。「年」の部分は書式の変更で表示することもできます。入力を省略して月日だけを入力した場合は、自動的に現在の西暦が設定されます。

日付を入力する

| F3 | | | × | ✓ | fx | 2/17 | |

```
   D     E     F     G     H
1
2
3         2/17
4         ↑
5      /区切りで日付を入力
6
7
```

1 「2/17」と月日を「/」区切りで入力します。

表記が変換された

```
   D     E     F     G     H
1
2
3         2月17日
4
5
```

2 Enterで確定すると、自動的に「2月17日」に変換されました。

数式バーを確認

| F3 | | | × | ✓ | fx | 2024/2/17 | |

```
    D     E     F     G     H     I
1
2
3          2月17日
4
5
6
7
8
9
10
```

3 数式バーを確認すると、日付には「年」の部分も含まれています。

西暦や年号も表示する

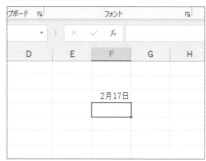

セルの書式設定(E)...

4 日付が入ったセルを右クリックし、「セルの書式設定」を開きます。

日付の表示形式を選択

5 「分類」から「日付」を選択し、「種類」で表示形式を設定します。「カレンダーの種類」で元号表示も選択できます。

重要！

オートフィルを使って連続した日付を入力

予定表などに連続した日付を入れたい場合は、オートフィルを使って入力すると簡単です。日付に限らず、自分で入力した数と単位にも適用できます。

フィルハンドルをドラッグ

```
         2月17日



                 2月26日
```

1 日付が入ったセルをアクティブにし、右下のフィルハンドルをドラッグします。

日付が自動入力された

| F3 | | × | ✓ | fx | 2021/2/17 | |

```
    D     E     F     G     H     I     J
1
2
3          2月17日
4          2月18日
5          2月19日
6          2月20日
7          2月21日
8          2月22日
9          2月23日
10         2月24日
11         2月25日
12         2月26日
13
```

2 ドラッグで伸ばしたセルまで連続した日付が入力されました。

別の単位でもできる

```
 B    C     D     E     F     G     H
      1個   2個   3個   4個   5個
```

3 日付以外でも、数字が入っていれば同じことができます。

Excel

E 重要!

セルの内容を
別のセルにコピーする

データあり
053.xlsx

コピー&貼り付けで
入力の手間を省く

　セルの内容をそのまま別のセルにコピーする「コピー」と「貼り付け」ですが、以下の表のように「貼り付け」にはいろいろな方法があります。「貼り付け」と「元の書式を保持」はほぼ同じものですが、「元の書式を保持」では、他のブックからコピーした際に、テーマの色やフォント、条件付き書式などを含めて貼り付けることができます。通常は使い分けずに「貼り付け」を使用して差し支えありません。

貼り付け方法を変更する

貼り付けを実行したときに表示される「貼り付けのオプション」を使うと、貼り付けの書式などを変更することができます。

「コピー」と「貼り付け」の基本

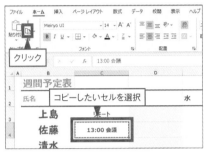

1 コピーしたいセルを選択し、「ホーム」タブの「コピー」をクリック、あるいはキーボードでCtrl+Cを押します。

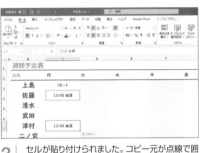

2 貼り付け先のセルを選択し、「貼り付け」をクリック、またはキーボードでCtrl+Vを押します。

3 セルが貼り付けられました。コピー元が点線で囲まれているうちは、別のセルにも同じ内容を貼り付けられます。

ショートカットキー	効果
Ctrl+C	コピー
Ctrl+X	切り取り
Ctrl+V	貼り付け
Ctrl+Z	取り消し
Ctrl+Y	やり直し
Windows+V	コピーの履歴

Excel

貼り付け	貼り付け	データと書式をすべて貼り付ける
	数式	数式と数値だけを貼り付ける
	数式と数値の書式	数式と数値、書式を貼り付ける
	元の書式を保持	データと書式（他ブックのテーマ等を含む）をすべて貼り付ける
	罫線なし	罫線以外のデータと書式を貼り付ける
	元の列幅を保持	コピー元と同じ列幅で貼り付ける
	行/列の入れ替え	コピー元のセル範囲の行と列を入れ替えて貼り付ける

値の貼り付け	値	数式の計算結果の値を貼り付ける
	値と数値の書式	数式の計算結果の値と数値の書式を貼り付ける
	値と元の書式	数式の計算結果の値と数値・セルの書式を貼り付ける
その他	書式設定	コピー元セルの書式のみを貼り付ける
	リンク貼り付け	コピー元データの変更と連動する貼り付け
	図	データを図として貼り付ける
	リンクされた図	データを画像として貼り付け、コピー元データの変更に連動し図を更新する

POINT

クリップボードでコピーの履歴を見る

　「コピー」や「貼り付け」ボタンの下にある「クリップボード」を開いておくと、コピーした内容の履歴が残され、この履歴をクリックするだけでコピーや貼り付けができます。同じ内容のコピーと貼り付けを繰り返す必要があるが、規則性に乏しいのでまとめてできない、といった場合には特に便利です。

クリップボードには書式も記憶されています。必要に応じて「貼り付けのオプション」も使いましょう。

重要!

不要な行や列を
まるごと削除する

行内データの削除と 行自体の削除の違い

表の作成を進めるうちに、特定の行や列が不要になることがあります。単に不要な行や列を選択してDelキーを押すと、入力されたデータが消えて空白のセルに変わりますが、メニューから「削除」を選択すると、行や列を削除して詰めることができます。

行を削除する

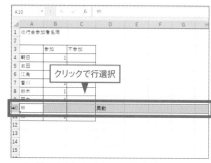

1 不要な行の行番号部分にマウスポインターを移動します。

マウスポインターの形が変わる

行を選択する

クリックで行選択

2 そのままクリックすると、行全体が選択されます。

Deleteキーで削除

Deleteキーでデータ削除

3 Deleteキーを押すと、行内のデータが削除されます。

行自体を削除する

削除

4 Deleteキーの代わりに、「ホーム」タブの「削除」をクリックします。

行が削除された

5 選択した行が削除され、下にあった行が詰められました。

データの途中に
行や列を挿入する

表の入力を進めていくうち、データ入力済みの行の間に新しい行が必要になることがあります。そうしたときは、「挿入」ボタンを使います。列も同様です。

挿入する行を選択

1 新しく追加したい行や列の場所を選択します。すでにデータが入力されていても構いません。

「挿入」をクリック

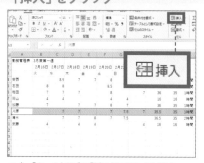

挿入

2 「ホーム」タブの「挿入」をクリックします。

空白の行が挿入された

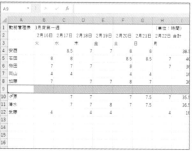

3 選択していた行に、新しく行が挿入されました。これまでの内容は1行分下に移動します。

セルに入力した文字を修正する

まずセル内にカーソルを表示する

セルに入力した文字を消さずに修正するには、まず文字入力カーソルをセル内に表示させます。ダブルクリックする方法とF2キーを押す方法があり、前者はダブルクリックした場所に、後者はセルの右端にカーソルが表示されます。

セルにカーソルを表示

1 | 修正するセルをダブルクリックするか、アクティブにしてF2キーを押します。

文字を修正する

2 | 文字を修正したらEnterキーで確定します。

数式バーでも修正できる

3 | 文字の入力や修正は数式バーでもできます。

セルの内容を消去する

4 | 間違うと影響が大きい数字などは内容を生かしての修正はせず、Deleteキーでセルの内容を一度消去します。

改めて入力する

5 | 正しい数字を改めて入力します。数字は入力しやすいこともあり、こちらの方法のほうが比較的ミスを少なくできます。

重要!

セルを丸ごと削除する

行や列と同じように、単体のセルも削除して詰めることができます。セルの場合は、削除の際に詰める（シフトする）方向を指定します。

セルを削除する

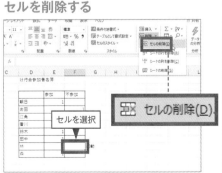

1 | 削除するセルを選択し、「セルの削除」をクリックします。

詰める方向を選択

2 | 「削除」ダイアログで「左方向にシフト」を選択します。

セルが削除された

3 | セルが削除され、行方向のセルが詰められました。上方向に詰めることも同様にできます。

小数点以下の値まで「%」で表示する

ボタンひとつで「%」表記に

構成比や進捗率など「%」を使った数値を使うシーンは多々あります。「パーセントスタイル」を使うと、セルの数字に簡単に%記号をつけることができます。単純に「1」を「100%」に変換するものなので、割合を示す少数での値は先に出しておきます。

%表記にしたい範囲を選択

	予算	売上	予算差	達成率
A部門	150000	149800	-200	0.998667
B部門	100000	123826	23826	1.23826
C部門	90000	112550	22550	1.250556
D部門	100000	83530	-16470	0.8353

1 実際の売上を目標予算で割った「達成率」が算出済みです。ここを範囲選択します。

「パーセントスタイル」を選択

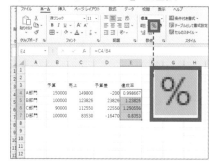

2 「ホーム」タブの「パーセントスタイル」をクリックします。

%表記になった

	売上	予算差	達成率
0000	149800	-200	100%
0000	123826	23826	124%
0000	112550	22550	125%
0000	83530	-16470	84%

3 パーセントスタイルが適用されました。この時点では小数点以下が四捨五入されています。

小数点以下の値を表示する

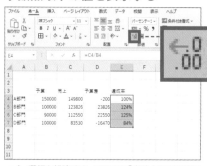

4 選択を解除せず、そのまま「小数点以下の表示桁数を増やす」をクリックします。

小数点以下の値が表示された

	売上	予算差	達成率
0000	149800	-200	99.9%
0000	123826	23826	123.8%
0000	112550	22550	125.1%
0000	83530	-16470	83.5%

5 少数部が表示されました。「小数点以下の表示桁数を増やす」をクリックするたびに桁を増やせます。

桁が多い数字を3桁区切りにする

数字が4桁、5桁を超えてくると、3桁ごとに「,」(カンマ)で区切るほうが読みやすくなります。金額の場合は円記号の「¥」をつけることもできます。

3桁区切りにする

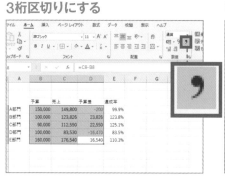

1 対象を選択して「桁区切りスタイル」をクリックすると、カンマが3桁ごとに入り、マイナスの数字は赤になります。

¥記号を付ける

2 「通貨表示形式」をクリックすると、数字の頭に¥記号を追加できます。

数字を赤くしたくないときは

3 マイナスの数値の色を変えたくない場合は「セルの書式設定」で表示形式を変更しましょう。

Excel

文字のサイズを変更する

文字の大きさを変更して表にメリハリをつける

初期状態では、入力される文字のサイズはすべて「11」になっています。見出し部分の文字を大きくしたり、強調したい文字を太字にするなどして、より表を見やすくしましょう。変更を適用する前に「リアルタイムプレビュー」で結果を確認できます。

セルを選択する

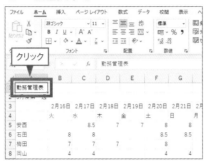

1 | 文字を大きくしたいセルを選択します。ここでは表のタイトルにあたる「勤務管理表」を選択します。

フォントサイズを選択する

2 | 「フォントサイズ」をクリックし、一覧からサイズを選択します。クリックして確定する前に実際の大きさを確認しましょう。

文字が大きくなった

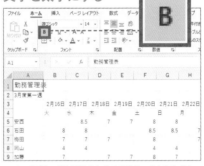

3 | サイズ「14」が適用され、文字が大きくなりました。

文字を太字にする

4 | 太字にする対象のセルを選択し、「太字」ボタンをクリックします。

太字が設定された

5 | 文字が太字になりました。もう一度「太字」ボタンをクリックすると解除されます。

その他のフォントメニューの内容

フォントの種類には「游ゴシック」が設定されていますが、これも変更できます。特にアルファベットは、英文フォントから選ぶと見やすくなります。

フォントを変更する

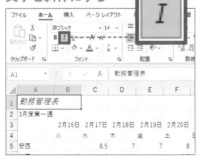

1 | パソコンにインストールされているフォントが一覧に表示されます。

文字を斜体にする

2 | 「斜体」をクリックすると、文字が斜体になります。

アンダーラインを引く

3 | 「下線」をクリックすると、アンダーラインを引けます。

Excel

セル内の文字の配置を変えるには

データあり
058.xlsx

セル内での文字の配置を見やすく整える

セルに入力した文字は左揃え、数字は右揃えに設定されます。そのままでも機能的な差し支えはありませんが、配置が左右に偏っていると見づらい場合もあります。タイトルや見出し類、特に罫線内の表の見出しは中央揃えにしたほうが整然とした印象になります。

文字を「中央揃え」にする

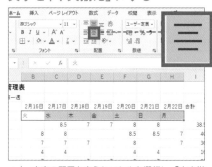

1 文字の配置を変えたいセルを選択し、「中央揃え」をクリックします。

文字が中央に配置された

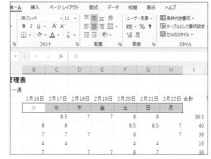

2 各曜日の文字がセルの中央に配置され、見やすくなりました。

セルを結合して中央揃え①

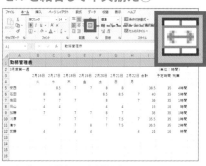

3 複数のセルを含めての「中央揃え」にもできます。範囲を選択します。

セルを結合して中央揃え②

4 「セルを結合して中央揃え」をクリックします。

文字が中央に配置された

5 選択した複数のセルがひとつに結合され、文字はその中央に揃えられました。

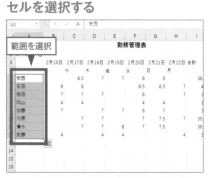

離れた複数のセルをまとめて選択する

連続していないセルはドラッグで選択できませんが、Ctrlキーを押しながら操作すれば同時に選択状態になります。離れたセルも一度に設定を適用できます。

セルを選択する

1 まず通常通り、最初のセルや範囲を選択します。

範囲を選択

離れたセルを選択する

2 Ctrlキーを押しながら、別の場所のセルを選択します。

Ctrlキーを押しながら範囲を選択

まとめて変更を適用できた

3 離れたセルにまとめて「中央揃え」を適用できました。

セルの幅や高さを変更する

セル幅を変えて
文字が読めるようにする

　初期状態のセル幅と文字サイズでは、半角8文字、全角5文字以上の文字列は表示しきれず隠れてしまいます。数値だけを入力したときなどに自動的に列幅が広がる場合もありますが、自分で好きなセル幅に調整する方法を覚えましょう。同様に高さも変更できます。

列の境界を選択する

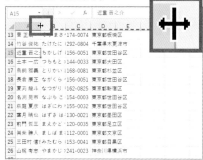

1 セル幅を変え、5文字の氏名が見えるようにします。列番地の境界にマウスポインターを合わせます。

セルの幅を変える

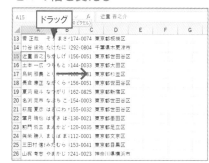

2 そのままドラッグし、セルの幅を広げます。

幅が変更された

※画像は実際のレイアウトに基づき配置

複数の列を一度に変更する

セルの高さを変更する

3 セルの幅が変更されました。

4 選択した列をまとめて同じ幅に変更することもできます。ドラッグする境界はどこでも構いません。

5 同様の方法で、セルの高さも変更できます。

Excel

ダブルクリックや数値でセルの幅を調整する

　列の境界をダブルクリックすると、列中の一番長い文字列に合わせてセル幅が自動調整されます。具体的に数値を指定する方法は、微調整に便利です。

列幅を自動で調整する

具体的に数値で指定する

数値を入力する

1 列の境界をダブルクリックすると、列に含まれている一番長い文字列を表示できるセル幅に変更されます。

2 列を選択して右クリックし、「列の幅」を選択します。

3 ダイアログに数値を入力します。数値は、セルに表示できる半角文字の数を表します。

データあり
060.xlsx

作成した表に罫線を引く

罫線を引いて表をよりわかりやすくする

表には罫線を引くと見やすくなります。罫線は何度でも引き直せるので、点線や二重線なども試してみるといいでしょう。なお、ワークシートに最初から入っているグレーの格子は「目盛線」と呼ばれ、セルをわかりやすくするもので印刷には反映されません。

罫線を引く範囲を選択する

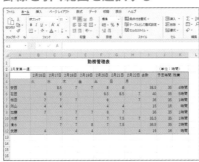

1 罫線を引きたい部分を範囲選択します。

罫線の「格子」をクリック

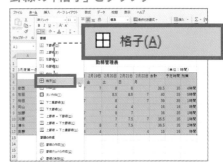

格子(A)

2 「ホーム」タブの「罫線」を開き、「格子」を選択します。

罫線が引かれた

3 表に罫線が引かれました。

周囲の罫線を太くする

太い外枠(T)

4 同様に、表を選択して「太い外枠」をクリックします。

太い罫線が引かれた

5 表の周囲に太い罫線が引かれました。

「その他の罫線」で細かく設定する

「その他の罫線」を使うと、点線や破線も使えるほか、表内の罫線の種類や有無を細かく設定できます。空欄に斜め線を引くこともできます。

「その他の罫線」を選択

その他の罫線(M)...

1 罫線を引きたいセルを選択して「その他の罫線」を選択します。

線種と場所を設定する

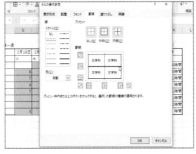

2 選択範囲の上下左右、内側に、別個に罫線を設定できます。

新しく罫線を設定できた

3 この例では、選択範囲内側の横線のみ、二重線に変更できました。

Excel

データあり
061.xlsx

セルと文字に 色を付ける

色を付けると 表がわかりやすくなる

　セルは好きな色で塗りつぶせます。全体に色を付けるとかえって見づらくなりがちですが、表の見出しセルに色を使うと、表の構成がひと目でわかるようになります。また、文字の色も変更できます。セルの色に合わせて読みやすい色を設定しましょう。

色を塗るセルを選択する

1 塗りつぶしたいセルを選択します。

「塗りつぶしの色」から色を選ぶ

2 「ホーム」タブの「塗りつぶしの色」から、色を選択します。

文字に色を付ける

3 「ホーム」タブの「フォントの色」で文字の色を選択します。

セルの色と文字色を変更できた

4 表内の見出し列のセルの色と文字の色が変更されました。

文字を見やすくする

5 セルに濃い色を使って文字を白抜きにする場合は、太字にしたり、太めのフォントを使うと見やすくなります。

Excel

「セルのスタイル」で まとめて色を付ける

「セルのスタイル」を使うと、一覧から選ぶだけでセルと文字に色を付けられます。タイトルや見出し向けのスタイルもあるので表に限らず活用しましょう。

色を付ける範囲を選択

1 色を付けたいセルを選択して「セルのスタイル」をクリックします。

スタイルを選択する

2 スタイル一覧が表示されます。プレビューを見ながら選択しましょう。

色が設定された

3 セルの塗りつぶしと文字の色が同時に設定されました。

Excel

これだけ覚えれば大丈夫 必須の関数をマスターしよう

基本的な関数を覚えて もっと便利に活用しよう

Excelには500近い関数が用意されています。この数を聞いただけでも関数に苦手意識が生まれてしまいそうですが、500もの関数をすべて覚えるのは不可能ですし、またその必要もありません。どんな業務でも、頻繁に使われる関数はある程度決まっており、せいぜい10～20程度しかないのです。その中のいくつかの関数を覚えるだけでも、よりExcelが便利で使い勝手の良いものになります。

関数を使いこなせば、複雑な計算や大量の計算、重複や異常値などのチェック、条件に一致するセルのカウントなど、人の手では膨大な手間がかかるさまざまな作業を、一瞬かつ正確に終わらせることができます。関数は、業務の効率化には欠かせないものです。

ここでは、業務内容に関わらず使用頻度の高い、汎用的な関数に絞って紹介していきます。これらの関数を覚えると同時に、関数の基本的な使い方が身に付きますので、業務の上で必要になって初めての関数を使う場合にも応用が利くはずです。もし、これらの関数の知識がひとまず不要だった場合は62-73ページは飛ばして、74ページから読んでもらうといいでしょう。

関数は業務の効率化に必須！

覚えておきたい18の関数		
SUM	数値の合計を算出する	63ページ
MAX,MIN	最大値・最小値を表示する	64ページ
AVERAGE	数値の平均値を算出する	64ページ
COUNTIF	条件の合致したセルを数える	65,68ページ
COUNTIFS	複数条件のセルを数える	66ページ
IF	条件に合致するかどうかを確認する	67ページ
IFS	複数の条件を確認する	67ページ
SUMIF	一覧から項目ごとの数字を集計する	68ページ
SUMIFS	複数の条件に合致する数字を集計する	69ページ
UNIQUE	重複なしのリストを出力する	69ページ
VLOOKUP	数値や文字列を別シートから検索して呼び出す	70ページ
IFERROR	不要なエラーコードを非表示にする	70ページ
XLOOKUP	検索した数値や文字列を複数の範囲で呼び出す	71ページ
ROUND	数値を四捨五入する	72ページ
ROUNDDOWN	数値の端数を切り捨てる	72ページ
ROUNDUP	数値の端数を切り上げる	72ページ
EOMONTH	指定した月の末日を表示する	73ページ
DATE	日付データを作成する	73ページ

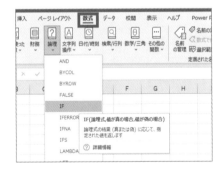

関数は難しくない！
関数は手打ちで入力するほか、「数式」タブから呼び出すこともできます。マウスオーバーで簡単な説明が表示されるので参考にしましょう。

POINT

関数の記述方法は 基本的にすべて 同じ

48ページで四則演算の方法を紹介しましたが、関数もその延長上にあり、難しく考える必要はありません。四則演算の数式と同じように最初に「＝」を入力し、続けて関数名、引数と記述するのが基本の形です。引数のカッコの中は関数によって記述する内容が異なりますが、基本的にどんな関数であっても「＝関数名（引数）」という構文になります。

関数の書き方

$$= SUM (E2:E10)$$

等号 | 関数名 | 引数（ひきすう）

重要！ E

数値の合計を計算する SUM関数

データあり
063.xlsx

必ず覚えておきたい 最重要関数

SUMは、指定範囲に含まれる数字を加算する関数です。46ページの「Σ」ボタンで挿入されるのもSUM関数です。引数には、「:」と「,」の区切りを使いセル範囲を指定します。「=SUM(A1:A10,C1:C10,E10)」のように、複数の範囲を組み合わせることができます。

セル範囲の合計を出す①

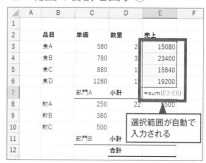

	品目	単価	数量	売上
3	食A	580		
4	食B	780		
5	食C	880	18	15840
6	食D	1280	15	19200
7	部門A	小計		=sum(
8	飲A	250	22	
9	飲B	380	13	4940
10	飲C	500		5000
11	部門B	小計		
12		合計		

1 「部門A」の売上小計を出します。小計欄に「=sum(」と入力します。

セル範囲の合計を出す②

	品目	単価	数量	売上
3	食A	580	2	15080
4	食B	780		23400
5	食C	880	1	15840
6	食D	1280		19200
7	部門A	小計		=sum(E3:E6)
8	飲A	250	22	500
9	飲B	380		
10	飲C	500		
11	部門B	小計		
12		合計		

選択範囲が自動で入力される

2 E3からE6をドラッグすると「E3:E6」が自動入力されるので、「)」を入力して引数を閉じます。

セル範囲の合計を出す③

	品目	単価	数量	売上
3	食A	580	26	15080
4	食B	780	30	23400
5	食C	880	18	15840
6	食D	1280	15	19200
7	部門A	小計		73520
8	飲A	250		5500
9	飲B	380	1	4940
10	飲C	500	1	5000
11	部門B	小計		=sum(E8:E10)
12		合計		

3 同様に操作して、「部門B」の小計を出します。

指定セルの合計を出す①

Ctrlキーを押しながら選択

	品目	単価	数量	売上
3	食A	580		
4	食B	780	30	23400
5	食C	880	18	15840
6	食D	1280	15	19200
7	部門A	小計		73520
8	飲A	250	2	5500
9	飲B	380	1	4940
10	飲C	500	1	5000
11	部門B	小計		15440
12		合計		=sum(E7,E11)

4 合計欄に「=sum(」と入力し、Ctrlキーを押しながらE7とE11を選択。「E7,E11」が入力されます。

指定セルの合計を出す②

	品目	単価	数量	売上
3	食A	580	26	15080
4	食B	780	30	23400
5	食C	880	18	15840
6	食D	1280	15	19200
7	部門A	小計		73520
8	飲A	250	22	5500
9	飲B	380	13	4940
10	飲C	500	10	5000
11	部門B	小計		15440
12		合計		88960

5 2つの小計を足した合計が出ました。このように、関数の計算結果をさらに関数で計算することもできます。

E

「矛盾した数式」エラーへの対処

このエラーは、周辺のセルと違う数式を使用すると表示されるもので、ほとんどのケースでは問題ありません。一応確認し、気になるようならエラーを非表示にしましょう。

エラーが表示された!?

780	30	23400
880	18	15840
1280	15	19200
小計	⚠	73520
250	22	5500
380		4940
500	10	5000

エラーが表示された

1 左上の角に「▲」が表示されたセルを選択すると、エラーのアイコンが表示されてしまいました。

数式を確認する

√fx 数式の表示

単価	数量	
580	26	
780	30	
880	18	=C5*D5
1280	15	=C6*D6
部門A	小計	=SUM(E3:E6)
250	22	=C8*D8
380	13	=C9*D9
500	10	=C10*D10
部門B	小計	=SUM(E8:E10)

2 「数式」タブの「数式の表示」をクリックすると、シート上のすべての数式を確認できます。

エラーは消していい

1280	15	19200
部門A	小計 ⚠ ▾	73520
矛盾した数式		5500
数式を上からコピーする(A)		4940
このエラーに関するヘルプ(H)		5000
エラーを無視する(I)		15440
数式バーで編集(F)		88960
エラー チェック オプション(O)...		

3 一応確認して間違いなければ、エラーは消してしまって大丈夫です。

Excel

最大値と最小値を見つける MAX関数とMIN関数

データあり
064.xlsx

大量のデータから最大値や最小値を探し出す

「MAX」と「MIN」は、指定した範囲内のセルの中から、それぞれ最大の数値と最小の数値を表示する関数です。引数の区切りには「:」と「,」が使えます。成績などのトップやワーストを見つけるほか、入力ミスで紛れ込んでしまった明らかな異常値の検出にも役立つでしょう。

MAX関数で最大値を算出

=max(C3:C21

関数を入力して範囲を選択

1 「=MAX(」と入力し、検索する範囲をドラッグして指定します。あとは「)」で引数を閉じるだけです。

MIN関数で最小値を算出

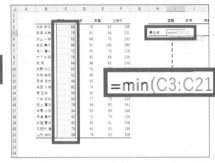

=min(C3:C21

2 MIN関数も同様です。「=MIN(」と入力し、範囲を指定します。

オートフィルもできる

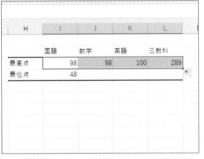

3 関数もオートフィルが使えます。この例の場合、「国語」の最高点から横にフィルすれば「数学、英語、三教科」にもMAX関数が入力されます。

最高値・最低値に色を付ける①

4 範囲を選択し、「ホーム」→「条件付き書式」→「上位/下位ルール」→「その他のルール」と選択します。

最高値・最低値に色を付ける②

5 「新しい書式ルール」で値や書式を設定します。関数ではありませんが、MAX・MIN関数と併せて覚えておきたい機能です。

平均値を出す AVERAGE関数

AVERAGEは、指定したセルに含まれる数値の平均値を割り出す関数です。空白や文字のセルは計算から除外されるので、SUMと÷を組み合わせるよりミスがありません。

関数と引数を入力

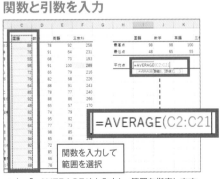

=AVERAGE(C2:C21

関数を入力して範囲を選択

1 「=AVERAGE(」と入力し、範囲を指定します。ここではあえて「国語」を含ませてみます。

数値のみ参照される

	国語	数学	英語
最高点	98	98	10
最低点	48	65	5
平均点	76.157895		

平均値が表示される

2 引数を閉じると、数字だけを反映した平均値が表示されました。表に「欠席」などの文字が入っても対応できます。

四捨五入する

	国語	数学	英語	三教科
最高点	98	98	100	289
最低点	48	65	55	170
平均点	76.2	79.2	77.7	233.0

3 「セルの書式設定」→「表示形式」→「数値」から、小数点以下の桁数を整理します。

重要！

特定の条件に当てはまる
セルを数えるCOUNTIF関数

データあり
065.xlsx

人数の洗い出しや
重複チェックに活用

COUNTIF関数は、引数で指定した文字列と一致するセルの数を調べます。例えば、名簿上で特定の属性を持つ人の数を知りたいときなどに便利です。「COUNTIF=(A1:A10," 検索文字列")」のように記述します。重複やデータ漏れのチェックにも応用できます（→68ページ）。

関数と範囲の入力

1 「〇」の数で出席人数を確認します。「=COUNTIF(」と入力し、範囲を選択します。

引数に検索文字を入れる

2 範囲の後を「,」で区切り、検索条件の「〇」を「""」で囲み "〇" と入力します。

検索文字を変更する

3 同様に、欠席者の数は「=COUNTIF(F2:F42," ×")」でカウントできます。

空欄のセルを数える①

4 引数の「""」の間に何も入力せず、「=COUNTIF(F2:F42,"")」とすれば空白セルをカウントできます。

空欄のセルを数える②

5 空白セル専用のCOUNTBLANK関数を使い、「=COUNTBLANK(F2:F42)」とする方法もあります。

重要！

引数の検索条件に
ワイルドカードを使う

東京都民の数を知りたいとき、引数に単に「"東京都"」と指定すると、市区名以下が含まれる住所が対象だと件数ゼロになります。この場合はワイルドカードを使います。

ワイルドカード「*」を使う

1 東京都の人だけをカウントするには、「=COUNTIF(E2:E42,"東京都*")」とします。引数が「"東京都"」ではゼロになってしまいます。

ワイルドカードを複数使う

2 「=COUNTIF(E2:E42,"*豊島区*")」とすると、都道府県名や町名に関わらず、「豊島区」を含む住所をカウントします。

「*」は間にも入れられる

3 「=COUNTIF(E2:E42,"東京都*区*")」とすれば、東京都の区部在住者のみカウントできます。

Excel

65

上級技！

複数の条件でカウントする
COUNTIFS関数

データあり
066.xlsx

「AかつB」に該当する
データの数をチェック

COUNTIF関数は特定の条件に当てはまるデータの数を知るものでしたが、COUNTIFS関数では、複数の条件指定が可能です。引数が増えますが、基本的な使い方はCOUNTIFと変わりません。「COUNTIFS=(範囲1,条件1,範囲2,条件2,範囲3…)」のように記述します。

ひとつめの条件を入力

`=COUNTIFS(C2:C42,"M"`

1 まず、COUNTIFと同様に、範囲と検索対象を入力します。

ふたつめの条件を入力

`M",F2:F42,"○")`

2 続けて「,」で区切り、ふたつめの条件を入力します。

条件は127まで増やせる

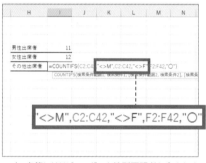

3 「男性かつ出席」という条件でのカウント結果が出ました。「かつ東京都在住」のように、さらに条件を増やすこともできます。

演算子「<>」の使い方①

`"<>M",C2:C42,"<>F",F2:F42,"○"`

4 名簿にはXジェンダーと性別不明者も含まれます。そこで、「"<>M"」のように、指定文字と一致しないセルを条件にする「<>」を使います。

演算子「<>」の使い方②

男性出席者		11	
女性出席者		12	
その他出席者		1	

5 性別欄が「M」と「F」に当てはまらない出席メンバーが、正しくカウントされました。

関数のコピーのしかた

関数のセルをコピーして貼り付けると参照先がズレてしまい、ミスの原因になります。数式バーからコピーするか、元の関数の範囲を絶対参照で記述しましょう。

そのままコピーはNG

男性出席者 `=COUNTIFS(C2:C42,"M",F2:F42,"○")`
女性出席者 `=COUNTIFS(C3:C43,"M",F3:F43,"○")`
その他出席者

1 検索条件のみ変更するつもりでコピーしたら、相対参照が適用されて範囲が1セル分ズレてしまいました。

数式バーからコピーする

2 セルではなく数式バーからコピーすると、相対参照は適用されずにそのまま貼り付けられます。

絶対参照で記述する

`$C$2:$C$42`

3 コピー元の範囲の番地を絶対参照（49ページ）で記述すれば、オートフィルでも範囲がズレません。

Excel

条件に合致するかを見る
IF関数とIFS関数

データあり
067.xlsx

対象セルと指定条件の比較結果を表示する

IF関数は、条件に当てはまっているか、そうでないかを表示します。「IF(A1<100,"○","×")」のように記述し、この場合A1セルが「100未満」なら「○」、「100以上」なら「×」が表示され、例えば基準値を超える数字を検出できます。複数条件にはIFS関数を使いましょう。

関数を入力する

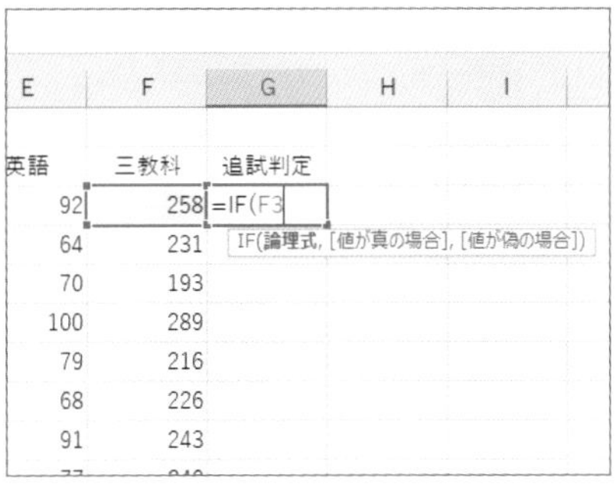

E	F	G	H	I
英語	三教科	追試判定		
92	258	=IF(F3		
64	231	IF(論理式, [値が真の場合], [値が偽の場合])		
70	193			
100	289			
79	216			
68	226			
91	243			

1 「=IF(」と入力し、対象のセルをひとつ選択します。範囲指定は使いません。

条件を設定する

E	F	G	H
英語	三教科	追試判定	
92	258	=IF(F3<200,"追試","")	
64	231		
70	193		
100	289		
79	216		
68	226		

2 「「=IF(F3<200,"追試","")」と入力します。200未満なら「追試」と表示、そうでなければ何も表示しないという設定です。

式をコピーする

	国語	数学	英語	三教科	追試判定
池本 亜衣乃	88	78	92	258	
泉澤 美奈	76	91	64	231	
伊山 一好	55	68	70	193	追試
右近 勇久	98	91	100	289	
浦川 健斗	72	65	79	216	
大下 彩那	78	82	68	226	
菅 蘭	64	88	91	243	
茅野 悠二	85	78	77	240	
木曽 結里佳	92	88	86	266	
栗原 淳太					追試
坂田 久暢					
曽 正桓					
竹谷 俊祐					
田上 蕾菜					
中馬 沙苗	94	65	89		
鳥海 真利奈	92	72	75		
萩窪 夏衣	82	85	91		
三田村 優他	75	66	55		追試
山形 �	68	78	63		

オートフィルで数式をコピー

3 オートフィルで数式をコピーします。200未満の行にだけ「追試」と表示されました。「(F3<200,"追試","合格")」としてもいいでしょう。

複数の条件で判定する

	F	G	H	I	J	K
	三教科	追試判定	評価			
92	258		=IFS(F3>=250,"A",F3>=200,"B",F3<200,"C")			
64	231					
70	193	追試				
100	289					
79	216					

=IFS(F3>=250,"A",F3>=200,"B",F3<200,"C")

77	240	
86	266	
57	170	追試
79	235	
82	235	

4 複数の条件を使いたい場合はIFS関数を使います。引数は左から順に処理され、条件が重なる場合は左の条件が優先されます。

式をコピーする

	国語	数学	英語	三教科	追試判定	評価
池本 亜衣乃	88	78	92	258		A
泉澤 美奈	76	91	64	231		B
伊山 一好	55	68	70	193	追試	C
右近 勇久	98	91	100	289		A
浦川 健斗	72	65	79	216		B
大下 彩那	76	82	68	226		B
菅 蘭	64	88	91	243		B
茅野 悠二	85	78	77	240		B
木曽 結里佳	92	88	86	266		A
栗原 淳太	48	65	57	170	追試	C
坂田 久暢	82	74	79	235		B
曽 正桓	58	95	82	235		B
竹谷 俊祐	64	77	73	214		B
田上 蕾菜	78	98	85	261		A
中馬 沙苗	94	65	89	248		B
鳥海 真利奈	92	72	75	239		B
萩窪 夏衣	82	85	91	258		A
三田村 優他	75	66	55	196	追試	C
山形 絲利子	68	78	63	209		B

5 オートフィルで数式をコピーします。条件通りに3つの結果に振り分けられました。

関数で使う 比較の演算子

IF,IFS以外の関数でも、比較のための演算子は多用されます。それぞれの表記と意味を覚え、特に「>」と「>=」、「<」と「<=」は注意して使い分けましょう。

演算子の種類

演算子	意味	例	説明
=	等しい	A1=100	A1が100と等しければTRUE
<>	等しくない	A1<>100	A1と100が等しくなければTRUE
>	より大きい	A1>100	A1が100より大きければTRUE
<	より小さい	A1<100	A1が100未満ならTRUE
>=	以上	A1>=100	A1が100以上ならTRUE
<=	以下	A1<=100	A1が100以下ならTRUE

複数条件のもうひとつの方法

	BMI値	判定
栄野	22.3	=IF(C5<25,IF(C5>=18,"標準","やせ"),"肥満")
神澤	17.5	やせ
木留	32.6	肥満
北内	24.5	標準

1 IF関数を「入れ子」にして複数条件を指定するやり方もありますが、まずはIFS関数で使い方に慣れましょう。

Excel

項目単位の計算には SUMIF関数

重要!

E

データあり
068.xlsx

同じ範囲の中から項目ごとに個別集計

一覧表から項目ごとの数字を出すケースでは、フィルターを使って集計するよりも、SUMIF関数が手軽で便利です。「=SUMIF(範囲,検索値,合計範囲)」と記述し、「範囲」から「検索値」と一致する行を探して「合計範囲」の数を合計するという動作をします。

「範囲」を選択する

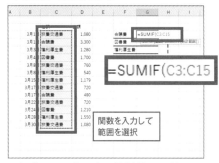

`=SUMIF(C3:C15`

関数を入力して範囲を選択

1 「=SUMIF(」と入力し、検索対象にする範囲を選択します。

検索値を入力する

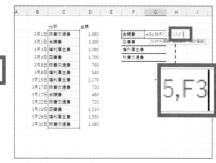

`5,F3`

2 「,」で区切り、検索値を入力します。ここでは検索対象と見出しが完全に一致するので「F3」としました。

合計範囲を選択する

	仕訳	金額		
月1日	旅費交通費	1,080	会議費	=SUMIF(C3:C15,F3,D3:D
月1日	会議費	3,300	図書費	SUMIF(範囲, 検索条件, [合]
月3日	福利厚生費	1,280	福利厚生費	
月4日	図書費	1,700	旅費交通費	
月8日	旅費交通費	760		
月8日	福利厚生費	540		
月15日	福利厚生費	1,179		
月17日	旅費交通費	720		
月17日	会議費	480	計算したい範囲を選択	
月22日	旅費交通費	720		
月24日	図書費	1,210		
月28日	福利厚生費	1,550		
月30日	旅費交通費	1,080		

3 数字が入力されている計算したい範囲を選択します。

計算結果が表示される

	仕訳	金額		
3月1日	旅費交通費	1,080	会議費	3780
3月1日	会議費	3,300		
3月3日	福利厚生費	1,280	福利厚生費	
3月8日	旅費交通費			
3月8日	福利厚生費			
3月15日	福利厚生費	1,179		
3月17日	旅費交通費	720		
3月17日	会議費	480		
3月22日	旅費交通費	720		
3月24日	図書費	1,210		
3月28日	福利厚生費	1,550		
3月30日	旅費交通費	1,080		

`会議費    3780`

4 「会議費」のみを合算した数字が表示されました。

検索値をセル番地にする利点

`=SUMIF(C3:C15,F6,D3:D15)`

`SUMIF(範囲, 検索条件, [合計範囲])`

訳	金額			
費交通費	1,080		会議費	3780
議費	3,300		図書費	2910
利厚生費	1,280		福利厚生費	4549
書費	1,700		旅費交通費	F6,D3:
費交通費	760			
利厚生費	540			
	1,179			

5 検索値をセル番地にしておくと、数式をコピーして使う時の修正が多少楽になります。

重要!

E

集計漏れの発見には COUNTIF関数

SUMIF集計で注意したいのは、項目の見落とし、集計漏れです。それぞれ合計欄を作るとミス防止になります。見落としの発見にはCOUNTIF関数を使うといいでしょう。

合計金額が合わない

	仕訳	金額		
3月1日	旅費交通費	1,080	会議費	3780
3月1日	会議費	3,300	図書費	2910
3月3日	福利厚生費	1,280	福利厚生費	4549
3月4日	図書費	1,700	旅費交通費	4360
3月8日	旅費交通費	760		15599
3月8日	福利厚生費	540		
3月15日	福利厚生費	1,179		
3月17日	旅費交通費	720		
3月17日	会議費	480		
3月19日	消耗品費	4,800		
3月22日	旅費交通費	720		
3月24日	図書費	1,210		
3月28日	福利厚生費	1,550		
3月30日	旅費交通費	1,080		
		20,399		

1 集計漏れがあるため、表の合計とSUMIF集計の合計が合いません。少なくともミスの存在がわかります。

COUNTIF関数を使う

`=COUNTIF(G$3:G$6,C3)`

2 確認用の列に「=COUNTIF(G$3:G$6,C3)」と入力。G3:G6の項目と一致する項目がC3にいくつあるか、という意味です。

オートフィルでコピー

	仕訳	金額	確認		
3月1日	旅費交通費	1,080	1	会議費	3780
3月1日	会議費	3,300	1	図書費	2910
3月3日	福利厚生費	1,280	1	福利厚生費	4549
3月4日	図書費	1,700	1	旅費交通費	4360
3月8日		760	1		15599
3月8日		540	1		
3月15日	福利厚生費	1,179	1		
3月17日		720	1		
3月17日	会議費	480			
3月19日	消耗品費	4,800	0		
3月22日		720			
3月24日	図書費				
3月28日	福利厚生費				
3月30日	旅費交通費				
		20,399			

「0」が集計漏れ項目

3 絶対参照で表記したのでオートフィルでOKです。「0」を返した行が「集計漏れ」ということになります。この応用で、重複データの確認もできます。

Excel

重要!

複数の条件を満たす値で 合計を出すSUMIFS関数

データあり
069.xlsx

経理が高速化する 最重要関数のひとつ

SUMIFS関数では、複数の条件を組み合わせて数値を合計することができます。「=SUMIFS(合計範囲,検索値1の範囲,検索値1,検索値2の範囲,検索値2…)」と記述し、SUMIFと違って引数の先頭に合計する数値の範囲を指定します。非常に便利なのでぜひ使いこなしたい関数です。

合計対象範囲を指定

関数を入力して売上を選択

1 日付ごとの売上を出します。「=SUMIFS(」のあと、売上の列を選択。対象外の数字が入らなければ、このように列ごと選択してもOKです。

ひとつめの検索範囲を指定

日付の列を選択

2 日付を検索条件にしたいので、日付の列を選択します。

ひとつめの条件を指定

3 予め日付を記入しておいたセルを選択します。もし日付を数式に直接記述する場合は「"YYYY/MM/DD"」の形にします。

ふたつめの条件を指定

"千代田支店"

4 同様にして、支店欄の列を選択し、検索対象に「"千代田支店"」と入力します。これでOKです。

特定支店の日付別の売上が出る

千代田支店売上	2,610,000
2月7日	2,005,000
2月8日	330,000
2月9日	0
2月10日	0
2月11日	275,000

5 検索範囲を番地ではなく列で指定したので、「2月8日」以降はオートフィルで問題ありません。

UNIQUE関数で 項目一覧を取り出す

UNIQUE関数は、365と2021以降対応の新しい関数です。「重複なし」のリストを作るもので、例えば同じ顧客が何度も記載された一覧から顧客リストを作成できます。

使い方はシンプル

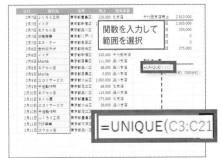

関数を入力して範囲を選択

=UNIQUE(C3:C21

1 「=UNIQUE(」と記述し、重複なしのリストが欲しい範囲を選択します。

リストが完成

重複しない一覧を出力

2 重複しない顧客名の一覧が出力されました。これを元に顧客ごとの売上記録を作れば、計上漏れを防げます。

範囲を広げる

2列以上も選択できる

3 2列以上の範囲を指定しても構いません。便利な関数ですが、「Office2019」以前のバージョンでは非対応です。

Excel

69

E 重要!

VLOOKUP関数で
元表からデータを自動入力

データあり
070.xlsx

最小限の入力で
請求書などが完成する

VLOOKUPは、例えば「コードを入力するだけで製品名と価格が自動入力される」といった仕組みを作る関数です。コード、製品名、価格をリスト化した表（マスターテーブル）を用意する必要はありますが、一度仕組みが完成すると、以後は格段に楽になります。

マスターテーブルを作る

	A	B	C
1	コード	製品名	価格
2	W001	バンブーW	10
3	W002	クラブW	60
4	W003	ブロンズW	180
5	W004	ハチェット	560
6	W005	ダマスカス	1500
7	W006	ノレイムS	9800
8	A001	レザーA	70
9	A002	チェインM	300
10	A003	アイアンA	1000
11	A004	スチールA	3000
12	A005	マジックA	7700
13	S001	レザーS	90
14	S002	アイアンS	800
15	S003	ミラーS	14800
16			

あらかじめ表を用意する

納品書　マスター

1 必要な表を用意しておきます。品目の追加や印刷時の都合を考えると、別シートの方が管理が容易です。

検索値を指定

	A	B	C	
1				
2		コード	品名	数
3			=VLOOKUP(B3	
4			VLOOKUP(検索値, 範囲, 列番号	
5				
6				
7				
8				

2 自動入力したいセルに「=VLOOKUP(」と入力し、コード欄（写真ではB3）を指定します。

リストの範囲を指定

A1 =VLOOKUP(B3,マスター!A:C

	A	B	C	D	E	F
1	コード	製品名	価格			
2	W001	バンブーW	10			
3	W002	クラブW	60			
4	W003	ブロ VLOOKUP(検索値, 範囲, 列番号, [検索方法])				
6	W0					
7	W006	ノレイムS	9800			
8	A001	レザーA	70			
9	A002	チェインM	300			
10	A003	アイアンA	1000			
11	A004	スチールA	3000			
12	A005	マジックA	7700			

VLOOKUP(B3,マスター!A:C

3 ふたつめの引数にリスト範囲を指定。列を指定すれば、リストが増えても対応できます。タブ切り替えで引数が変わらないよう注意しましょう。

列番号を指定

	A	B	C	D	E	F
1						
2	コード				単価	価格
3		=VLOOKUP(B3,マスター!A:C,2				
4		VLOOKUP(検索値, 範囲, 列番号, [検索方法])				
11						
12				小計		
13				消費税		
14				合計		
15						

=VLOOKUP(B3,マスター!A:C,2

4 リストの何列目の文字列を入れるかを決める引数です。製品名はリストの2列目なので、「2」を指定。続く「検索方法」は必ず「FALSE」にします。

コードで品名が入力された

	A	B	C	D	E	F
1						
2		コード	品名	数量	単価	価格
3		A003	アイアンA			
4						
5						
12				小計		
13				消費税		
14				合計		

5 同様の方法で「単価」にもVLOOKUP関数を設定し、価格や合計を算出する数式を設定して表を完成させてみましょう。

E 重要!

IFERROR関数で
不要なエラーを消す

VLOOKUP関数を空欄で使うと、検索値が見つからずに「#N/A」エラーになります。数式を削除してもいいのですが、IFERROR関数を使えばスマートに解決できます。

#N/Aエラーが出る

	A	B	C	D	E	F
1						
2		コード	品名			価格
3		A003	アイアンA	エラーが表示	00	10,000
4		S003	ミラーS	されている		29,600
5		W001	バンブーW		0	1,200
6			#N/A		#N/A	#N/A
7			#N/A		#N/A	#N/A
8			#N/A		#N/A	#N/A
9			#N/A		#N/A	#N/A
10			#N/A		#N/A	#N/A
11			#N/A		#N/A	#N/A
12				小計		#N/A
13				消費税		#N/A
14				合計		#N/A
15						

1 数式をコピーした空欄でエラーが出ています。このままでは合計値も正しく表示されません。

IFERRORで回避する

=IFERROR(VLOOKUP(B3,マスター!A:C,2,FALSE),""

	A	B	C	D	E	F
1						
2	コード	品名		数量	単価	価格
3	A003	FALSE),"")		10	1,000	10,000
4	S003	ミラーS		2	14,800	29,600
5	W001	バンブーW		120	10	1,200
6			#N/A		#N/A	#N/A
7					#N/A	#N/A
10	=IFERROR(VLOOKUP(B3,マスター!A:C,2,FALSE),"")					
12				小計		#N/A
13				消費税		#N/A
14				合計		#N/A
15						

2 入力済みの数式を「=IFERROR([既存の数式],"")」とIFERROR関数で入れ子にし、非表示（""）にします。

関数以外にも使える

	A	B	C	D	E	F	G
1							
2		コード	品名	数量	単価	価格	
3		A003	アイアンA	10	1,000	10,000	
4		S003	ミラーS	2	14,800	29,600	
5		W001	バンブーW	120	10	1,200	
6						=IFERROR(D6*E6,""	
7							
11					小計	¥40,800	
12					消費税	¥4,080	

=IFERROR(D6*E6,"")

3 「=IFERROR(D3*E3,"")」のようにすると、計算対象が見つからない時の「#VALUE!」が非表示になります。

E 上級技！

VLOOKUPの不便を解消した XLOOKUP関数

データあり
071.xlsx

「365/2021」以降なら VLOOKUPはもう不要？

XLOOKUP関数は、Microsoft 365やOffice 2021以降で使えるようになった新しい関数です。マスターテーブルのセル範囲を参照して一度に複数のセルを埋められる、検索キーにする列がリストの左端である必要がないなど、VLOOKUPを拡張した使い勝手になっています。

検索値と検索範囲を設定

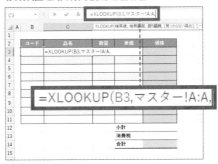

1 VLOOKUPと同様に、まずは検索値と検索範囲を設定します。

「戻り範囲」を設定

2 「戻り範囲」は、検索値が一致したときにセルに反映させる範囲です。ここでは「製品名」と「価格」の列を範囲に設定します。

一度に2つのセルが埋まった

3 品名と単価が一度に入力されましたが、「数量」セルに単価が入っています。また、オートフィルすると表示される「0」については下記を参考に。

列の並びをテーブルと一致させる

4 伝票側で「数量」と「単価」を入れ替え、マスターテーブルと列の並び順を揃えるか、一度に埋めようとせずに個々に関数を設定して対応します。

連続していない「戻り範囲」はNG

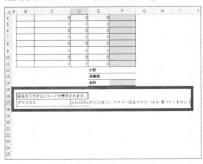

5 テーブル上で離れた列を同時に戻り範囲に指定することはできません。品名からコードを知りたい場合、コード検索欄を作るなどして対処しましょう。

Excel

空白セル参照時の 「0」を非表示にする

空白セルを参照したときに不要な「0」が表示される場合、書式設定で「#」を設定して非表示にします。「0」の表示が必要なケースでのみ書式を解除すればOKです。

書式設定を開く

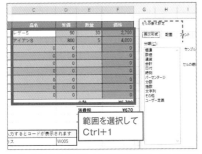

範囲を選択して Ctrl+1

1 「0」を非表示にする範囲を選択し、Ctrl+1で書式設定を開きます。

ユーザー定義を設定

2 「ユーザー定義」で「#」を設定。桁区切りが必要な場合は「#,###」、必要なら末尾に半角スペースを追加し「#,### 」と設定します。

「0」が消えた

A	B	C	D	E	F
1					
2	コード	品名	単価	数量	価格
3	S001	レザーS	90	30	2,700
4	S002	アイアンS	800	5	4,000
5					
6					
7					
8					
9					
10					
11					
12			小計		¥6,700
13			消費税		¥670
14			合計		¥7,370
15					

3 半角スペースを追加した「#,### 」で設定した例です。「0」が非表示になり、書式を「数値」にしたときと同じ文字位置になっています。

重要!

端数処理が重要な集計に必須
四捨五入するROUND関数

⬇ データあり
072.xlsx

結果に小数が生じては
いけない集計に

小数を整数に直したい時、書式設定で小数点以下を非表示にする方法がありますが、四捨五入されるのは見た目だけで、実際の数字には小数点以下がついたままです。この状態で集計すると、表示と結果が合わないケースが生じます。これを解消するにはROUND関数を使います。

特に消費税に注意

数量	価格
16	1,248
6	2,994
22	1,056
小計	¥5,298
税(8%)	¥424
合計	¥5,722

数量	価格
16	1,248
6	2,994
22	1,056
小計	¥5,298.00
税(8%)	¥423.84
合計	¥5,721.84

1 一見問題ありませんが、小数点以下を表示すると16銭の差があります。このセルを参照して自動集計すると、実際の収支と誤差が生じてしまいます。

ROUND関数を使う①

48	22	1,050
	小計	¥5,298
	税(8%)	=E9*8%
	合計	¥5,722

2 ここでは、端数を生んでいる消費税を、ROUND関数で四捨五入します。まず、消費税のセルの数式を表示します。

ROUND関数を使う②

48	22	1,056
	小計	¥5,298
	税(8%)	=ROUND(E9*8%
	合計	ROUND(数値, 桁数)

3 すでにに入っている数式の前に、「=ROUND(」を追加します。

ROUND関数を使う③

	小計	¥5,298
	税(8%)	=ROUND(E9*8%,0)
	合計	¥5,722

4 次に、数式の後に「,0」を追加します。この引数は、「残したい小数点以下の桁数」と覚えましょう。

端数が解消された

品名	単価	数量	価格
おにぎり	78	16	1,248
A弁当	499	6	2,994
お茶	48	22	1,056
		小計	¥5,298.00
		税(8%)	¥424.00
		合計	¥5,722.00

5 小数点以下が四捨五入されました。ふたつめの引数を「1」にすると小数第二位で、「-1」にすると1の位で四捨五入します。

E

切り捨てるには
ROUNDDOWN/ROUNDUP関数

消費税の端数処理方法は事業者に任されています。切り捨てならROUNDDOWN関数を使用します。逆に、切り上げ処理するにはROUNDUP関数を使いましょう。

使い方はROUND関数と同じ

	小計	¥5,298
	税(8%)	=ROUNDDOWN(E9*8%,0)
	合計	¥5,722

1 ROUNDDOWNで消費税を切り捨て処理にしてみます。引数の書き方はROUND関数と同じです。

結果が変わった

品名	単価	数量	価格
おにぎり	78	16	1,248
A弁当	499	6	2,994
お茶	48	22	1,056
		小計	¥5,298
		税(8%)	¥423
		合計	¥5,721

2 四捨五入では「¥424」だった消費税が、ROUNDDOWNで端数を切り捨てると「¥423」になりました。

切り上げにする

	小計	¥5,298
	税(8%)	=ROUNDUP(E9*8%,0）
	合計	ROUNDUP(数値, 桁数)

3 同様の方法でROUNDUP関数を使うと、切り上げ処理ができます。

月末の日付を自動記入する EOMONTH関数

データあり
073.xlsx

大の月と小の月に迷わず 書き換えミスも解消

請求書などの支払い関連の書類で月末の日付を記入することがありますが、そのようなときに便利なのがEOMONTH関数です。引数には、基準になる年月日（が記入されたセル）と、何か月後の月末を表示するかを記述します。「0」なら当月、「2」なら2か月後の月末を表示します。

手入力した請求書

1 入金期限を発行日の翌々月の月末とした請求書です。この入金期限の日付が自動入力されるようにします。

EOMONTH関数の入力①

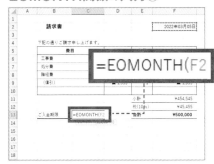

2 日付を記入したいセルに「=EOMONTH(」と入力し、発行日のセルを選択します。セル番地の代わりに"2022/3/5"のように日付入力もできます。

EOMONTH関数の入力②

工事費	436,000
処分費	18,000
諸経費	2,500
（値引）	▲ 1,955

ご入金期限 =EOMONTH(F2,2)

3 ふたつめの引数には、基準の日付の「2」か月後の「2」を設定します。

日付が入力された

4 翌々月の月末の日付が自動入力されました。

TODAY関数で発行日を自動入力

5 請求書に入れる発行日が記入当日の日付で問題なければ、TODAY関数を使いましょう。引数は必要ありません。

上級技！

月末ではない 締日にはDATE関数

締日が20日や25日などの場合にはEOMONTH関数は向かないため、DATE関数を使います。年月日から対応値を取得するYEAR・MONTH関数を入れ子にします。

DATE関数の記述①

1 「=DATE(YEAR(F2),MONTH(F2)」と入力します。ここまでは、F2から年と月を取得するという意味になります。

DATE関数の記述②

2 2か月後にしたい場合、ふたつめの引数を「MONTH(F2)+2」とします。最後のDAYにあたる引数は、20日に固定したいので「20」にします。

翌々月20日が表示された

3 同様にすれば、発行日の日付も固定できます。別シートや印刷外領域、あるいは非表示セル（書式「""」）のTODAY関数を参照しましょう。

重要!

デザインや集計が自動の テーブルを使う

数式のコピーも 自動化される

表を「テーブル」にしておくと、行や列を追加したときに書式や数式が自動的にコピーされます。自動的に見やすいデザインが適用されるほか、さまざまな集計や絞り込みもできるなど、Excelをデータベースとして使う際には非常に便利で役立つ機能です。

テーブルを挿入する

クリック

1 入力済みの表のいずれかのセルをアクティブにし、「挿入」タブの「テーブル」をクリックします。

テーブルの作成

2 ダイアログが開きます。「先頭行をテーブルの見出しとして使用する」にチェックされていることを確認して「OK」をクリックします。

表がテーブルに変わった

3 入力済みの表がテーブルに変わりました。セルや文字の色も自動で変更されます。

テーブル範囲は自動拡張

4 新しくデータを入力したときに、デザインや数式が自動的に適用されます。

デザインを変更する

5 「テーブルデザイン」タブの「テーブルスタイル」で、デザインを変更できます。

テーブルで集計や 絞り込みをする

「集計」を使うと、金額や数量などの合計を一瞬で表示できます。範囲指定や数式は一切不要です。「フィルター」では、特定の条件でデータを抽出できます。

集計行を追加する

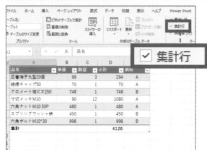

✓ 集計行

1 「テーブルデザイン」タブで「集計行」にチェックを入れると、合計が自動表示されます。

集計項目を増やす

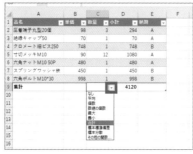

2 集計業の空欄セルの「▼」をクリックすると、別の集計方法も選択できます。

フィルターを使う

3 先頭行の「▼」からは、並び替えやデータの抽出ができます。

重要!

表のデータを元に グラフを作成する

データあり
075.xlsx

表を範囲指定して デザインを選ぶだけ

Excelでグラフを作るのはとても簡単です。グラフの元になるデータを選択し、グラフの種類を選ぶだけで自動作成されます。棒グラフ、円グラフ、折れ線グラフ、レーダーチャートなど多数のパターンがあるので、データに合ったグラフを選びましょう。

セルを範囲選択する

1 | グラフの元になる表を見出しセルを含めて選択します。

グラフを挿入する

2 | 「挿入」タブからグラフの種類を選びます。ここでは「縦棒/横棒グラフの挿入」をクリックします。

グラフの形を選択する

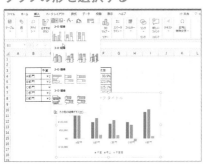

3 | プレビューを見ながら使用するグラフを選択します。

グラフが作成された

4 | グラフが作成されました。グラフに使用されているセルの範囲に間違いがないか確認しましょう。

別の場所を選択する

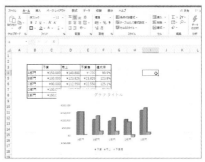

5 | 空白セルなど、グラフ以外の場所をクリックすると、グラフの選択が解除されます。

Excel

グラフの種類に迷ったら 「おすすめグラフ」を使う

どの種類のグラフがいいのか判断しかねる場合は、「おすすめグラフ」を使ってみましょう。適していると考えられるグラフの候補を表示してくれます。

「おすすめグラフ」を開く

クリック

1 | 表の範囲を選択し、「挿入」タブの「おすすめグラフ」をクリックします。

「おすすめ」が表示される

2 | おすすめグラフの候補が表示されます。グラフの説明も参考にしてグラフを選び、「OK」をクリックします。

グラフが作成された

3 | 「おすすめグラフ」から選んだグラフが作成されました。

重要！

グラフの位置や 大きさを変更する

AltキーやShiftキーを 上手に併用しよう

グラフを作成したら、適切な位置に移動し、大きさも変更しましょう。Altキーを押しながら移動すると、セルの枠に合わせることができます。また、大きさを変更する際はShiftキーを押しながら操作すると、縦横比を保持することができます。

グラフの枠にマウスを移動

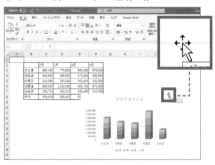

1 | グラフの枠の部分（グラフエリア）にマウスポインターを合わせます。

グラフを移動する

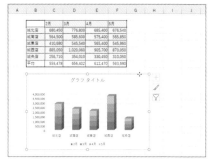

2 | そのままドラッグすると移動できます。Altキーを押しながら操作すると、セルの枠に沿って移動します。

ハンドルにマウスを移動

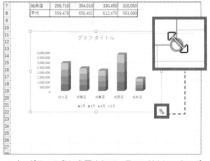

3 | グラフの角に表示されているハンドルにマウスポインターを合わせます。

大きさを変更する

ドラッグ

4 | ドラッグして大きさを変更します。

位置と大きさを変更できた

5 | グラフを移動し、大きさも変更できました。

グラフを別の シートに移動する

元になる表とグラフは、同一のシート上である必要はありません。表はシート1、グラフはシート2のように、ワークシートを使い分けることもできます。

グラフを切り取る

1 | グラフを選択し、「ホーム」タブや右クリックメニューの「切り取り」をクリックします。

ワークシートを切り替える

クリック

2 | クリップボードに移動したため、グラフが消えます。ワークシートを切り替えます。

グラフを貼り付ける

3 | 開いたワークシートに「元の書式を保持」で貼り付けます。

グラフにタイトルを入れて
要素を追加・修正する

データあり
077.xlsx

グラフをより見やすく調整しよう

グラフはいくつかの要素（部品）から構成されます。この要素の追加や削除の仕方を覚えましょう。まずは何を表すグラフなのかがひと目でわかるように、タイトルを入れましょう。さらに、データテーブルやデータラベルを追加すると、具体的な数値がわかるようになります。

グラフのタイトルを変更する

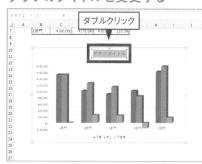

1 | 「グラフタイトル」のテキストボックスをダブルクリックし、文字をすべて選択します。

タイトルを入力する

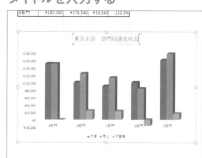

2 | グラフのタイトルを入力します。

データテーブルを追加する

3 | 「グラフのデザイン」タブ→「グラフ要素を追加」→「データテーブル」→「凡例マーカーあり」を選択します。

凡例を削除する

4 | データテーブルが「凡例マーカーあり」なので、元々入っていた凡例を「グラフ要素を追加」→「凡例」→「なし」で削除します。

グラフが完成した

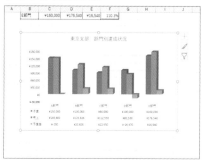

5 | タイトルとデータテーブルが入ったグラフになりました。

グラフ要素を
素早く設定する

リボン上の「グラフ要素を追加」を使わなくても、グラフ右肩の「＋」から、ほぼ同じ操作ができます。慣れたらこちらのほうが素早く設定できるでしょう。

「グラフ要素」を開く

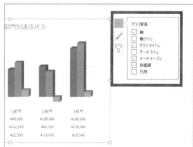

1 | 「＋」をクリックすると、メニューが吹き出しで開きます。もう一度クリックすると閉じます。

要素の追加と削除

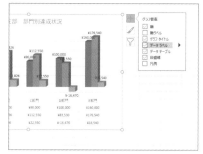

2 | 要素名の左のマスにチェックを入れると追加、外すと削除されます。

要素を細かく指定する

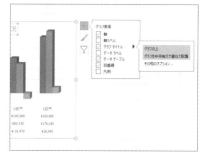

3 | 要素名右のマークにマウスポインターを合わせると、さらにメニューが表示されます。

Excel

作成済みのグラフの種類を変更する

重要！

より目的に適した
グラフに変更する

作成したグラフの種類は、後から変更することができます。棒グラフから折れ線グラフのように、まったく別のグラフへの変更も可能です。グラフの種類を変更したことによってグラフやデータテーブルが読みづらくなった場合は、改めて大きさを調整しましょう。

「グラフのデザイン」タブを表示

1 | グラフを選択して「グラフのデザイン」タブを表示します。

グラフの種類の変更

2 | 「グラフの種類の変更」をクリックし、ダイアログを表示します。

グラフの種類を選ぶ

3 | 任意のグラフを選択します。グラフの画像にマウスポインターを合わせると、グラフが拡大表示されます。

グラフの種類が変更された

4 | 選択したグラフに変更されました。

上級技！

グラフのデータを
あとから追加する

グラフの作成後に、元になるデータを増やすこともできます。グラフ選択時に表に表示される青い枠を、追加したいデータの部分にまで広げればOKです。

グラフを選択

青い枠の領域

新たに追加したデータ

1 | グラフをクリックして選択状態にします。

セルの範囲を広げる

枠をドラッグして範囲を広げる

2 | グラフの元の表に表示されている青い枠を、追加したいデータの部分に広げます。

グラフにデータが追加された

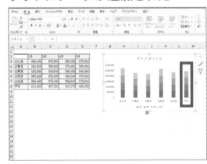

3 | 新たに枠に含めた部分がグラフに追加されました。

作成したグラフの
デザインを変更する

データあり
079.xlsx

気軽にグラフの
デザインを一新できる

「グラフスタイル」を使うと、グラフ全体の雰囲気を大きく変えられます。一覧から選ぶだけで適用でき、グラフに設定した要素もそのまま変わりません。ただ、色については背景色が変わる程度です。グラフの棒や面の色は、「色の変更」を使って変更します。

グラフのデザインを変更する

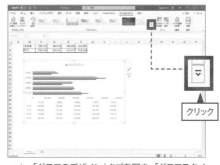

クリック

1 「グラフのデザイン」タブを開き、「グラフスタイル」の「その他」をクリックします。

デザインを選択する

2 グラフスタイルの一覧から、デザインを選択します。マウスポインターを合わせると、適用後の状態を確認できます。

色を選択する

3 さらに、「色の選択」でグラフに使用する色を選択します。

デザインが変更された

4 グラフのデザインを変更することができました。

デザインをもとに戻す

5 初期設定のデザインに戻すには、グラフスタイルを「スタイル1」、色を「カラフルなパレット1」に設定します。

Excel

グラフ内の文字を
より見やすくする

グラフ内の文字の色やフォントの種類は、要素ごとに設定できます。デザインによって初期のフォントでは読みづらい場合があるので、適宜調整しましょう。

グラフ内の要素を選択

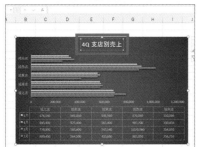

1 グラフ内の要素をクリックして選択します。この例ではタイトルを選択し、四隅にハンドルが表示されています。

フォントやサイズを選択

2 「ホーム」タブの「フォント」で、フォントの種類や色、太字などを設定します。

文字が読みやすくなった

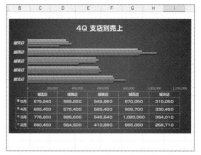

3 同様に、データテーブルなどの文字も変更し、より読みやすくなりました。

Excel

E

上級技!

「テーマ」を変更して 全体のデザインを変える

ブック全体の印象が ワンタッチで変わる

「テーマ」は、Excelのブック全体に反映されるデザインをまとめたセットのようなものです。テーマを使用すると、表やグラフのフォントや配色に統一感が出ます。

もともと、初期状態のブックにも「Office」というテーマが設定されています。「Office」テーマの既定の色はカラフルなのですが、玩具のような色使いでもあり、配色のセンスが問われます。その点、他のテーマは選択して適用するだけで自然な配色にすることができますので、積極的に活用していきましょう。

テーマにもよりますが、フォントが変更されることで、表やグラフの大きさが変わってしまう場合があります。不都合であれば、フォントは変えずに色だけを変えることもできます。

「テーマ」をブック全体に適用する

テーマ一覧を開く

1 「ページレイアウト」タブの「テーマ」をクリックします。

テーマを選択する

2 プレビューを見ながら、一覧からテーマを選びます。

テーマが適用された

1 選択したテーマが適用されます。

フォントを変更する

2 「フォント」から元の「游ゴシック」に戻したり、別のフォントに変更したりできます。

■テーマの一例

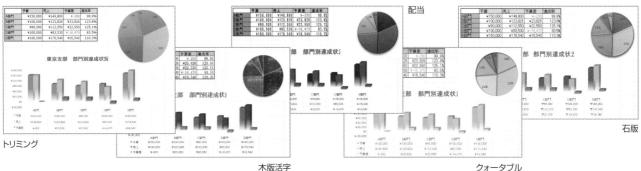

トリミング　　木版活字　　配当　　クォータブル　　石版

POINT

コーポレートカラーを自分で配色

表やグラフに自社のイメージカラーを使う場合、毎回「塗りつぶし」から色を選択するよりも、「配色パターン」を自分で作成すると便利です。ファイルに保存できるので、新しいブックでも利用できます。

「配色」から「色のカスタマイズ」を選択します。

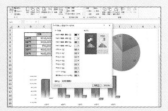

「配色パターン」を作成し、名前を付けて保存しておきましょう。

印刷結果を事前に画面上で確認する

表があふれていないかを必ずチェックしよう

作成したワークシートをプリンターで実際に印刷する前に、必ずプレビュー画面を見てイメージを確認しましょう。最初から用紙サイズの作業領域が表示されるWordなどとは異なり、ワークシート上ではどのように印刷されるかが作業中にはわかりません。いきなり印刷してしまうと、表が複数の用紙にまたがって印刷されてしまったり、用紙には余裕があるのに表が小さくて文字が読みづらかったりと、うまくいかないことがあります。プレビューを見て問題があれば、ワークシートの編集画面に戻りましょう。一度プレビューを表示すると、ワークシート上に用紙の改ページ位置がわかる点線が表示されます。多少表があふれている程度なら縮小印刷や余白の調整で1枚の用紙に収めることもできますし、2枚目以降に分かれる表にも見出しをつけるといった対応もできます。

「表示」タブの「改ページプレビュー」では、印刷イメージを確認しながら編集したり、改ページ位置を変更したりできます。

どのように印刷されるか確認しよう

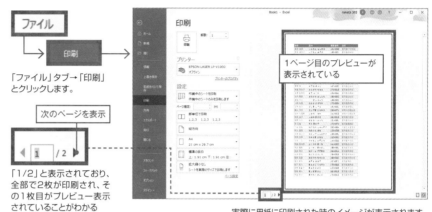

「ファイル」タブ→「印刷」とクリックします。

「1/2」と表示されており、全部で2枚が印刷され、その1枚目がプレビュー表示されていることがわかる

実際に用紙に印刷された時のイメージが表示されます。

1ページ目のプレビューが表示されている

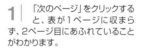

1 「次のページ」をクリックすると、表が1ページに収まらず、2ページ目にあふれていることがわかります。

2 「ページに合わせる」をクリックすると、プレビューを拡大できます。

3 ここをクリックして編集画面に戻ります。

4 ワークシート上に印刷範囲を示す点線が表示されました。この点線は一度ファイルを閉じると非表示になります。

5 常に線を非表示にするには、「ファイル」タブ→「オプション」→「詳細設定」と表示し、「改ページを表示する」のチェックを外します。

POINT

データがないのに空白ページが印刷される

削除したはずのセルに書式や罫線などのデータが残ることがあります。ワークシート上の空いているセルに一時的にデータを貼り付け、後で削除するといった作業をしたケースで起きやすいのですが、この状態で印刷すると、無駄なページが印刷されてしまいます。これを回避するには、印刷ページを指定して必要なページのみを印刷する方法もありますが、不要なデータが入っているセルを削除するのがベストです。

Ctrl+Endでデータが含まれる最終セルがわかります。列や行ごと選択して削除するといいでしょう。

重要!

Excel

表を1枚の用紙に収めて印刷する

縮小や用紙の向きで対応する

中途半端な位置で用紙をまたがないように、なるべく表は1枚に収めて印刷しましょう。あふれた表がわずかなら、改ページプレビュー画面で調整したり、下記の手順で自動縮小させると簡単です。横長の表なら、用紙の向きを変えるだけで収まる場合もあります。

改ページプレビューを編集

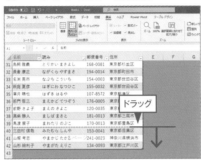

1 | 「表示」タブで「改ページプレビュー」をクリックしたら、点線で表示されている改ページ位置を実線部分までドラッグします。

1ページに収まった

2 | 表が1枚の用紙に収まりました。

余白の設定

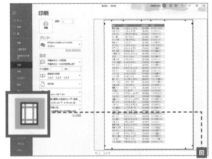

3 | あふれている表がわずかなら、「余白の表示」から、手動で余白を広げる方法もあります。

用紙の向きを変更する

4 | 横長の表が2ページに分かれる場合は、印刷の方向を横向きに設定します。

表が収まった

5 | 横向きの表が無駄なく1枚に収まりました。

表全体を自動縮小して1ページに収める

印刷設定で「シートを1ページに印刷」を選択すると、ワークシート全体が1ページに収まるように、印刷時のみ自動的に縮小されます。

印刷設定を変更

1 | 「拡大縮小なし」をクリックして、「シートを1ページに印刷」を選択します。

1ページに収まった

2 | 自動的に縮小され、表が1ページに収まりました。

大きな表には向かない

3 | ただし、極端に縮小されてしまう大きな表には、この方法は向きません。

作成した表を
用紙の中央に印刷する

印刷位置は
自分で決められる

用紙よりも小さな表は、用紙の左上に詰められる形で印刷されます。表の右や下にできる空白が気になるときは、用紙の中央に表を印刷することもできます。「ページ設定」から左右の位置と上下の位置を個別に設定できるので、プレビューを見ながら違和感のない位置に決めましょう。

「ページ設定」を開く

1 プレビューの表が左上に寄っているのがわかります。「ページ設定」を開きます。

表の位置を設定する

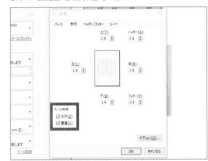

2 「余白」タブを開き、「水平」や「垂直」にチェックを入れます。

「水平」のみ有効にした例

3 上下の位置は変わらず、左右方向の余白が均等になります。

「垂直」のみ有効にした例

4 左右の位置は変わらず、上下方向の余白が均等になります。

両方を有効にした例

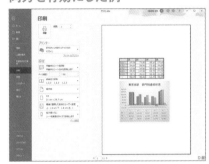

5 表が用紙の中心に配置されます。上下左右の余白が均等になります。

Excel

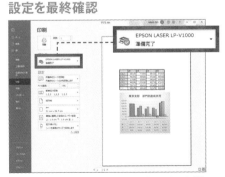

作成した表を
印刷する

表の収まりや印刷位置などを確認し、プレビュー上でも問題がなければ印刷を実行しましょう。プリンターの電源を入れて用紙をセットしたら、あとは「印刷」だけです。

設定を最終確認

EPSON LASER LP-V1000
準備完了

1 印刷する部数や、プリンターが「準備完了」、「作業中のシートを印刷」になっていることを確認します。

PDFに出力する

Microsoft Print to PDF
準備完了

2 「プリンター」を「Microsoft Print to PDF」に設定すると、PDFに出力することもできます（Windowsのみ）。

印刷を実行する

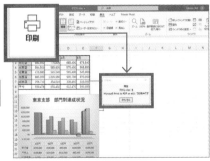

3 「印刷」をクリックして印刷を実行します。

E 上級技！

ワークシートの
一部分だけを印刷する

必要な部分だけを
選択して印刷しよう

　グラフだけ、表の一部分だけと、必要なところだけを範囲指定して印刷することができます。記入者向けの注意書きを入れたテンプレートなどに対して印刷範囲を設定する方法と、印刷時に一時的に範囲指定する方法とがあります。

印刷しない文字列

1 ワークシート上に記入者向けの注意書きを入れるとミス防止になりますが、印刷には反映させたくありません。

印刷範囲を指定する

2 印刷したい範囲をドラッグして選択し、「ページレイアウト」タブの「印刷範囲」→「印刷範囲の設定」とクリックします。

印刷範囲の確認

3 「印刷」画面のプレビューや「改ページプレビュー」を見ると、注意書きは印刷されないことが確認できます。

一時的に一部分を印刷する①

4 一度だけ表の一部を印刷したい場合は、まず印刷する範囲を選択します。

一時的に一部分を印刷する②

5 「印刷」画面の「設定」で、「選択した部分を印刷」を選択します。

E 重要！

表の見出し行を
全ページにつける

　印刷時にページをまたいでしまう長い表には、各ページにも1ページ目と同じ見出しが自動的に入るよう設定しましょう。

印刷タイトルの設定

1 「ページレイアウト」タブの「印刷タイトル」をクリックし、ダイアログを開きます。

タイトル行の設定

2 そのままワークシート上のタイトル行をクリックすると、「タイトル行」欄に「$1:$1」と入力されます。

タイトル行が追加された

3 印刷プレビューを見ると、2ページ目以降にも見出し行が追加されたことがわかります。

Q 入力したデータが勝手に日付や時刻に変換される！入力した通りに表示させるには？

A 表示形式を「文字列」に変更しましょう

「1/5」「2-3」「16:9」のような数字をセルに入力すると、日付や時刻だと認識されて自動変換されます。入力したままの文字を表示させたい場合は、データを「文字列」扱いにする必要があります。「文字列」にするには、データの前に「'」（シングルクオーテーション、Shift+7）を入力する方法と、セルの書式設定を変更する方法があります。行や列ごと文字列にする場合は書式設定を変更するほうが楽でしょう。

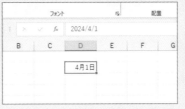

1 「4-1」と入力したのに「4月1日」と表示され、データも「2024/4/1」に変換されてしまいました。

2 「4-1」とそのまま表示させたい場合は「'4-1」と入力します。

3 「4-1」と表示されました。このセルをコピーしても、クリップボードには「'」は省かれ「4-1」が送られます。

4 複数のセルを対象にするなら、範囲選択後にCtrl＋1などで「セルの書式設定」を開いて「表示形式」→「文字列」を選択します。

Q 去年の日付を入力するとき、毎回西暦を入れないと今年の日付になってしまうのが面倒くさい！

A 置換を使ってまとめて変換しましょう

昨年分の処理を年をまたいでするときに困る例で、「12/7」と日付だけを入力すると今年の西暦が挿入されてしまいます。「2023/12/7」のように去年の西暦を一緒に入力すれば回避できますが、大量に入力する場合はこの方法では手間がかかります。とりあえず月日だけを入力しておき、あとからまとめて去年の西暦に置換する対処方法が一般的です。置換処理のし忘れには注意してください。

 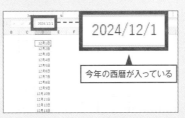

1 とりあえず月日のみ入力します。この時点では、入力時点の西暦「2024」がデータに含まれています。

今年の西暦が入っている

2 西暦を変換するセルを選択してCtrl＋Fで「検索と置換」→「置換」タブを開きます。ここでは「2024」を「2023」に置換します。

「2024」を「2023」に置換

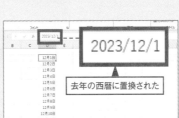

3 「すべて置換」すると、選択したすべてのセルの「2024」が「2023」に置換されます。

去年の西暦に置換された

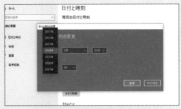

4 入力時だけ、パソコンの内部時計を去年の日付にしてしまうという手もあります。事後に戻すのを忘れないようにしましょう。

| Word | **Excel** | PowerPoint |

紙の書類の表をExcelに入力するのが面倒
文字認識くらい簡単にできないの？

 A 画像の文字を認識して
取り込む機能があります

指定した画像内の文字を分析し、テキストデータとしてセルに取り込む「画像から」という機能があります。比較的最近のバージョン（2201以降）で新たに搭載されたもので、画像が表だった場合はセルも元の表の通りに区切られて取り込まれるという便利な機能です。修正が必要になる場合も多いものの、手入力するよりは格段に効率的です。スマホ画像でもOKですが、スキャンした書類のほうがより正確に認識されます。

1 「データ」タブ→「データの取得と変換」→「画像から」→「ファイルからの画像」と選択。保存済みの画像ファイルを指定します。

2 分析後、表が取り込まれました。

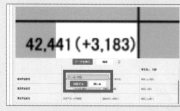

3 ピンクでハイライトされた部分は、認識結果が曖昧で確認が必要です。すべて修正したら「データを挿入」をクリック。

4 シート上に表として貼り付けられました。区切り位置などを改めて確認し、必要に応じて修正します。

表やグラフを画像として
保存したい
一番簡単な方法は？

A 欲しい部分をコピーして
画像編集アプリで保存

スクリーンショットから切り抜くのは非効率的です。選択範囲をCtrl＋cでコピーし、画像編集アプリ上に貼り付けて保存しましょう。

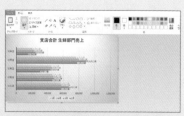

表、グラフ、セル範囲ともCtrl＋cでコピーできます。「ペイント」など普段使っている画像編集アプリ上に貼り付けましょう。

Enterキーでセルを
下じゃなくて
右に移動させられない？

A Tabキーでも
右移動できますが…

Enterキーを押すと通常は下のセルに移動しますが、上下左右のどの方向にも設定できます。「オプション」から任意の方向に変更しましょう。

「ファイル」タブ→「オプション」→「詳細設定」を開き、「編集オプション」の「Enterキーを押したら、セルを移動する」の「方向」を変更します。

Chapter 3

ポイントがまとまっている
説得力あるスライドを作成!

Power Point編

Microsoft PowerPoint

PowerPointで
できることを知ろう

プレゼンテーション資料の作成を強力サポート

PowerPointは、プレゼンテーションに使う資料や、企画書、報告書などを作成するほか、プレゼンテーションを実行することもできるアプリです。

そもそもプレゼンテーション資料とは、会議や発表会のような場で参加者に伝えるべきことを、重要なキーワードに画像やグラフ、表、動画などを交え、スライドショー形式で紹介していくものです。これに口頭での説明を加えてプレゼンテーションを行うわけですが、何もない状態からいざプレゼンテーション資料を作ろうとすると、途方に暮れてしまうかもしれません。その点、PowerPointには豊富なテンプレートが用意されています。テンプレート上の「概要」「主張」などの見出しをヒントに構成を考え、順を追って空欄を埋めていくだけでも、それなりに見ごたえのある資料が完成します。

画面を切り替えるアニメーションや、進行に合わせて文字を表示させる効果なども駆使し、見る人の興味を引く資料作りに役立てましょう。

資料作成からプレゼン実施までを1本で

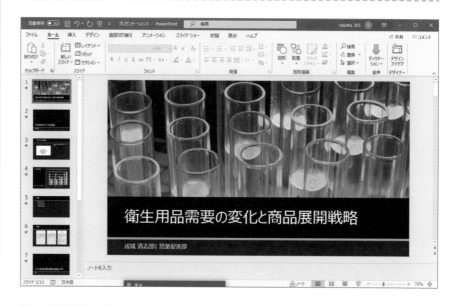

画像やグラフを使った視覚効果の高い資料を手軽に作成。会議で配る書類として印刷することもできます。

アニメーションも設定可能

画面が切り替わるときのアニメーション効果で、展開にメリハリをつけられます。保育現場で紙芝居に使われている例もあります。

プレゼンテーションの実施

聞き手が見る画面とは別に、メモや次のスライドを確認できる発表者専用の画面も利用できます。

POINT

アウトライン機能でアイデアを整理

全体の構成を一度で決めるのは、なかなかできるものではありません。「アウトライン表示」を使って、アイデアや必要な情報を箇条書きで整理しながら骨格を作成し、徐々に肉付けしていくといいでしょう。

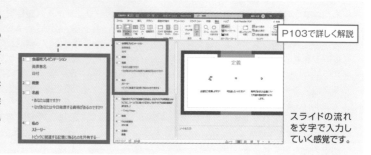

P103で詳しく解説

スライドの流れを文字で入力していく感覚です。

PowerPointの機能を確認しよう

1枚のスライドを作ることの積み重ね

　PowerPointでは、「スライド」と呼ばれる画面上のページを1枚ずつ作っていくことで、資料を作成します。

　他のOfficeアプリと同様に、上部には機能が目的別に分類されたタブとリボンが並び、中央にはスライドの編集領域が表示されます。左側のサムネイル（スライドの縮小版）は、新しいスライドを追加するたびに増えていきます。

　基本的に、1枚のスライドには1つだけ情報を盛り込み、その積み重ねで資料を完成させます。難しく考える必要はなく、子供向けの紙芝居を作るようなもの、ととらえて差し支えありません。紙芝居の1枚の絵で伝えられるのは1つの場面だけであるのと同様に、スライド1枚には1メッセージでいいのです。文字を入れられるからと、1枚のスライドにたくさんの情報を詰め込むと、見る人の焦点が定まらず、わかりにくい資料になってしまいます。

　PowerPoint自体も「紙芝居を作るツール」と考えればハードルは下がります。表紙を作るところから始めてみましょう。

PowerPointの画面構成

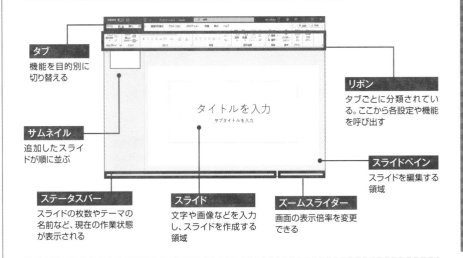

タブ
機能を目的別に切り替える

サムネイル
追加したスライドが順に並ぶ

ステータスバー
スライドの枚数やテーマの名前など、現在の作業状態が表示される

スライド
文字や画像などを入力し、スライドを作成する領域

ズームスライダー
画面の表示倍率を変更できる

リボン
タブごとに分類されている。ここから各設定や機能を呼び出す

スライドペイン
スライドを編集する領域

最低これだけ押さえれば作れる！

表紙を作る

表紙になるスライドにタイトルを入力します。

新しいスライドを挿入する

スライドを追加し、内容を入力します。

スライドのテーマを変える

デザインを適用し、見栄えをよくします。

スライドに写真を挿入する

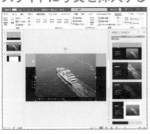

写真を入れて、資料に説得力を持たせます。

POINT

オンラインのテンプレートを使う

　スライドのイメージがどうしても固まらないときは、テンプレートを使ってみるといいでしょう。テンプレートは新規作成画面で探せます。アイデアの参考になりますし、改変してそのまま使用しても構いません。

　「ファイル」→「新規」から。「商品」などのキーワードで検索してみましょう。

困ったときは、プロが作ったスライドを参考にしてみましょう。

PowerPoint

表紙になる スライドを作る

資料の顔となる 表紙を作ろう

「新規」の「新しいプレゼンテーション」をクリックすると、資料の表紙になる1枚目のスライドの編集画面になります。点線で囲まれた領域は「プレースホルダー」と呼ばれ、ここに文字や画像などを入力していきます。まずは表紙の文字を入力してみましょう。

プレースホルダーを選択する

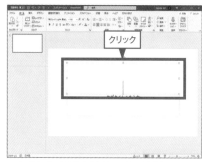

1 | 「タイトルを入力」と書いてある部分をクリックすると、文字入力カーソルになります。

タイトルを入力

2 | 資料のタイトルを入力します。

サブタイトルを入力する

3 | 同様に、サブタイトル部分に社名やキャッチフレーズなどを入力します。

選択を解除する

4 | プレースホルダーの外側をクリックすると、選択が解除されます。

文字の配置を変更する

5 | タイトルやサブタイトルは「中央揃え」になっていますが、「ホーム」タブの「段落」で配置を変えることもできます。

スライドがどのように 見えるか確認する

編集中のスライドがプレゼンテーション実行時にどのように見えるか確認できます。アニメーションや動画を挿入したときのテスト表示に使用したい機能です。

スライドをプレビューする

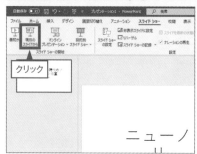

1 | 「スライドショー」タブを表示し、「現在のスライドから」をクリックします。

見え方を確認する

ニューノーマル時代のソリューション改革

総務部　野田志津

2 | スライドが全画面で本番同様に表示されます。ESCキーで終了します。

新しいスライドを追加して入力する

たくさんのスライドで資料を完成させる

新規作成時に用意されているのは、表紙になる1枚のスライドだけです。これに続けて、文字や写真などの情報を入れたスライドを1枚ずつ追加していき、プレゼンテーション資料を完成させます。並べ替えもできますので、思いついた順に追加しても大丈夫です。

「新しいスライド」を選択

1 「ホーム」タブの「新しいスライド」をクリックします。

新しいスライドが挿入された

2 2枚目のスライドが新しく追加されました。

内容を入力する

3 プレースホルダーをクリックし、情報を入力します。

インデントなどの設定

4 例えば箇条書きに主従がある場合は、インデントを設定すると読みやすくなります。「段落」→「インデントを増やす」とクリックします。

文字の段落が変更される

5 インデントが適用されました。こうした設定の操作はWordと共通です。

スライドのレイアウトや並びを変更する

挿入されたスライドは、「タイトルとコンテンツ」というレイアウトが使われていますが、変更も可能です。スライドの順番を並び変えることもできます。

レイアウトを変更する

1 「ホーム」タブの「レイアウト」から、レイアウトを変更できます。

スライドを並び替える

2 左のサムネイルから、並び替えたいスライドをドラッグして移動します。

スライドを並び替えられた

3 ここでは、3枚目のスライドを1枚目と2枚目の間に移動しました。

PowerPoint

91

PowerPoint

P 重要!

スライドにテーマを
適用する

データあり
092.pptx

豊富に用意された
テーマから選ぶだけ！

PowerPointには、色やフォントなどのデザインがあらかじめセットされた「テーマ」が用意されています。白地に文字が入っているだけの味気ないスライドでも、「テーマ」を一覧から選ぶだけで、カラフルにデザインされた見栄えのいいスライドに仕上げることができます。テーマはすべてのスライドに対して一括で適用できるので、余計な手間もかかりません。

また、Microsoft 365のサブスクリプションを契約していれば、「デザインアイデア」も利用できます。「テーマ」と同じように、一覧から選択するだけです。プレゼンテーション内容に合ったデザインを探してみましょう。

テーマを初期状態に
戻すには

「テーマ一覧」から「Officeテーマ」を選ぶと初期状態になります。「デザインアイデア」の場合は変更直後に限り、Ctrl+Zで取り消せます。

テーマを使って見栄えのいいスライドに

テーマを選ぶ

「デザイン」タブを表示し、「テーマ」の「その他」をクリックすると、テーマの一覧が表示されます。好みのテーマを選択してみましょう。一覧にマウスポインタを合わせると、適用後の状態を確認できます。

テーマが変更された

選択したテーマが、すべてのスライドに適用されました。

プロのデザインでさらに美しく

デザインアイデアを開く

1 | 「デザイン」タブの「デザインアイデア」をクリックします。

デザインが適用された

デザインを選択する

2 | デザインをクリックして選択します。「その他のデザインアイデアを見る」をクリックすれば、違うデザインが表示されます。

3 | テーマ適用後に、デザインを適用することもできます。

POINT

特定のスライド
にのみ
テーマを適用

必要に応じて、特定のスライドにだけ異なるテーマを設定することもできます。変更したいスライドを選択してから、テーマ一覧上で使いたいテーマを右クリックし、「選択したスライドに適用」を選択します。

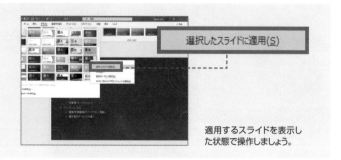

選択したスライドに適用(S)

適用するスライドを表示した状態で操作しましょう。

文字のサイズを変更する

データあり
093.pptx

より読みやすいスライドにしよう

スライドに入力した文字のサイズは、いつでも変更できます。同じプレースホルダー内でも、強調したい単語だけを選んで大きくするといったこともできます。初期状態のままでは不自然な文字の並びもありますので、見やすい形に調整していきましょう。

プレースホルダー単位で調整

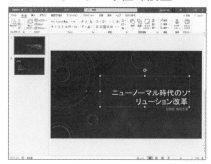

1 | プレースホルダーをクリックして選択します。

フォントを拡大する

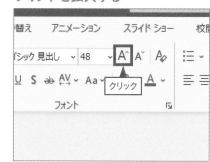

2 | 「ホーム」タブの「フォントサイズの拡大」をクリックします。

フォントが大きくなった

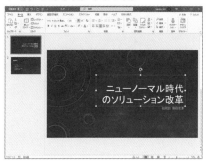

3 | 「フォントサイズの拡大」をクリックした回数に応じて拡大されていきます。

一部分のみサイズを変える

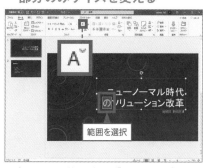

4 | テキストを範囲選択して「フォントサイズの縮小」をクリックします。

文字が小さくなった

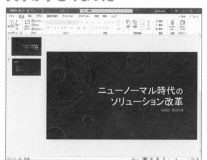

5 | 選択した範囲だけ文字が小さくなりました。

文字の色やフォントを変える

文字はサイズだけでなく、色やフォントの種類も変更できます。プレゼンテーションの場を想定し、遠目にもわかりやすい色やフォントを選びましょう。

文字の色を変える

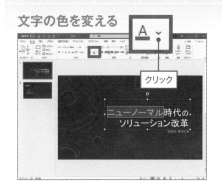

1 | 文字を選択し、「ホーム」タブの「フォントの色」をクリックします。

色を選ぶ

2 | カラーパレットから色を選択して変更します。

フォントを変える

3 | 「ホーム」タブの「フォント」から、プレースホルダー単位、文字単位でフォントも変更できます。

PowerPoint

PowerPoint

重要!

スライドに
グラフを挿入する

数字を可視化して
視覚で訴えよう

　推移やシェアなどの数字は、単に文字や口頭で表現するよりも、グラフで視覚化するほうが強い印象を与えることができます。グラフのスタイルを選び、データの名前や数値を入力していくだけで簡単に作成できますので、積極的に使っていきましょう。

「グラフ」をクリックする

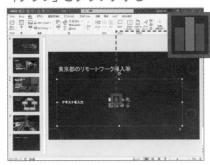

1 「挿入」タブで「グラフ」をクリックするか、プレースホルダー内の「グラフ」アイコンをクリックします。

グラフの種類を選ぶ

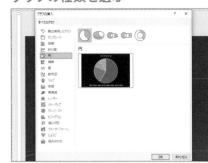

2 「グラフの挿入」ダイアログが開きます。グラフで表したい内容に最適なグラフを選びましょう。

表が表示される

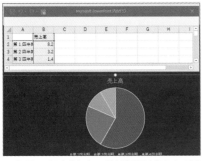

3 Excelの小さなウィンドウが表示されます。この例ではあらかじめ売上高のデータが入っています。

表に内容を入力する

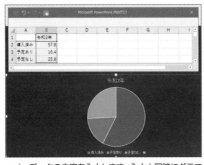

4 データの内容を入力します。入力と同時にグラフの表示も変わるので、確認しながら進めます。

グラフが完成した

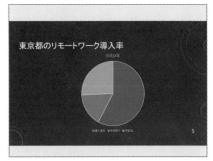

5 入力が終わったら表を閉じます。グラフの位置や大きさを調整しましょう。

グラフの体裁を整え
より見やすくする

　挿入したままのグラフでは、視認性やテーマとの親和性に問題があるかもしれません。グラフのデザインを変更して、より見やすくしましょう。

色を変える

1 「グラフのデザイン」タブ→「色の変更」で、グラフに使用する色の組み合わせを変更できます。

スタイルを変える

2 「グラフスタイル」でグラフのスタイルを選択できます。

文字を追加する

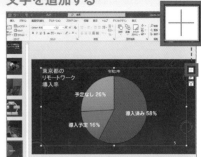

3 「挿入」タブからテキストボックスを挿入し、自分で文字を入力した例です。右上の「+」アイコンから凡例を非表示にするとスマートです。

重要！

スライドマスターで文字サイズを調整する

すべてのスライドの文字のサイズを一括変更

文字サイズを変更するには、テキストボックスを選択して書式を変更する方法もありますが、スライドの設計図にあたる「スライドマスター」を使うと簡単です。スライドマスターを編集すると、変更部分がすべてのスライドに反映されます。

スライドマスターを表示する

1 | 「表示」タブの「スライドマスター」をクリックします。

マスタースライドを選択

2 | 左一覧最上部のマスタースライドを選択します。2番目以降は「レイアウトマスター」と呼び、該当のレイアウトのみに反映されます。

文字サイズを変更する

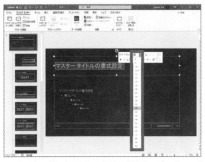

3 | サイズを変更したい部分を選択し、ポップアップからサイズを変更します。「ホーム」タブの「フォント」でも構いません。

フォントを変更する

4 | 同様に、フォントの種類も変更できます。「マスター表示を閉じる」をクリックすると終了します。

設定が反映された

5 | マスタースライドの設定が、すべてのスライドに反映されました。

PowerPoint

マスターの設定が反映されないときは

スライドマスターの設定がスライドに反映されない場合、上記手順2で「レイアウトマスター」を変更していないことを確認した上で、次の方法を試しましょう。

レイアウトを再選択する

1 | 該当のスライドに使われているレイアウトを「ホーム」タブの「レイアウト」から再選択します。

リセットする

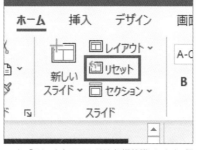

2 | 「リセット」でスライドを初期状態にします。個別に設定した書式や色、プレースホルダーの状態などがリセットされます。

テーマを再選択する

3 | 一度別のテーマに変更し、再度元のテーマに戻します。この場合、スライドマスターは再設定することになります。

重要!

スライドに表を挿入する

列と行の数を入力するだけ!

「表の挿入」を使い、スライドに表を挿入してみましょう。列の数と行の数を指定するだけで、簡単にプレースホルダー内に表が出来上がります。あとは内容を入力するだけですが、その際は、セルの移動に便利なキー操作を活用するといいでしょう。

表を挿入する

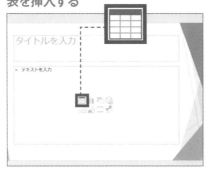

1 プレースホルダー内の「表の挿入」アイコンをクリックします。

列と行を設定

2 ダイアログが開きますので、列と行の数を設定します。

表が作成された

3 表が挿入されました。テーマに合わせて色も自動設定されています。

内容を入力する

4 表の内容を入力していきます。右記のキー操作（ショートカット）を活用しましょう。

表の記入時に便利なキー操作

キー	操作内容
Tabキー	次のセルに移動
Shift+Tabキー	前のセルに移動
方向キー	上下左右のセルに移動
Ctrl+Tabキー	セル内にタブを入力する

「表の追加」から表を挿入する

プレースホルダー内のアイコンのほか、「挿入」タブの「表の追加」でも表を挿入できます。ある程度編集済みのスライドに表を挿入したいときに便利です。

表を追加する

クリック

1 「挿入」タブの「表」をクリックします。

列と行の構成を選択

2 挿入したい表の列と行の数をマウスで指定します。

表が作成された

3 指定したサイズの表が作成されました。位置やサイズの調整は次のページで解説します。

PowerPoint

表全体やセルの
サイズを整える

表の見た目の
バランスを調整する

　挿入した表は、用意されていたプレースホルダーと同じ大きさになっていますので、これを任意の大きさに変更します。また、各セルもそれぞれ同じ大きさになっています。表の中に入力した文字に合わせて、セルのサイズも調整しましょう。

表全体を選択する

1 表の中をクリックし、表全体を選択します。

表の大きさを変更する

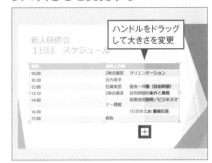

2 表の角のハンドルをドラッグし、表の大きさを変更します。

列の幅を変更する

3 セルの境界をドラッグすると、列や行の幅を変更できます。

表の位置を変更する

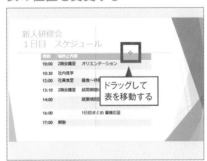

4 表の枠線部にマウスポインタをあわせてドラッグし、移動します。

位置を移動できた

5 表の位置を変更できました。

行や列の選択と
均等化の方法

　表の大きさやセルの幅を変更すると、行の高さが変わることがあります。そうした場合には1行ずつドラッグせずに、「高さを揃える」を使って調整します。

行を選択する

1 表内の行をすべて選択します。

高さを揃える

2 「レイアウト」タブの「高さを揃える」をクリックします。

0.1mm単位で調整

3 「高さを揃える」の数値を変更し、0.1mm単位で調整することもできます。

表内の文字配置や
スタイルを変更する

表の体裁を整えて
より見栄え良くしよう

　表のセル内の文字は、初期状態では左右が「左揃え」、上下が「上揃え」の配置になっています。そのままでは見栄えが悪い場合など、必要に応じて配置を変更しましょう。

　また、表自体のスタイルも変更できます。

文字を上下中央揃えにする

1 表を選択して「レイアウト」タブの「上下中央揃え」をクリックします。

セル内の文字列が中央に揃った

2 「上揃え」でセルの上側に寄っていた文字が、上下中央揃えになりました。

表のスタイルを変更する

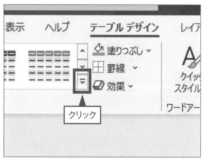

3 表を選択し、「テーブルデザイン」タブの「表のスタイル」から「その他」をクリックします。

スタイルを選択する

4 好みのスタイルを選択します。マウスポインタを合わせて確認しましょう。

スタイルが適用された

5 スタイルの中には、罫線が省略されるものもあります。

行や列を
あとから増減する

表を挿入したものの、行や列が足りなかったり、多すぎたりすることがありますが、すでにある表の行や列を変更することができるので、作り直す必要はありません。

行を選択する

1 行を挿入する場合、行を選択して「レイアウト」タブの「上に行を挿入」をクリックします。

行が挿入された

2 選択していた行に空白行が挿入されました。同様の操作で列も挿入できます。

行や列を削除する

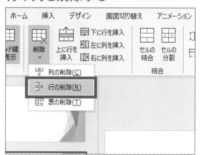

3 「レイアウト」タブの「削除」から、不要な行や列を削除できます。

スライドに写真を挿入する

データあり
099.pptx

写真は資料を補強する ただし乱用はNG

写真を使用すると、資料の説得力が増します。文字だけで寂しいスライドには、スペースを埋める意味で写真を入れてもいいでしょう。ただ、内容に関連のない写真を入れる意味はありません。プレゼンテーション全体を通してのメリハリを意識しましょう。

写真を挿入する

1 「挿入」タブの「画像」をクリックし、使用する写真をパソコン内やストック画像から選択します。

写真が挿入された

2 選択した写真がスライドに挿入されました。

写真のサイズを変更する

3 四隅のハンドルをドラッグして大きさを調整します。

写真を移動する

4 適切な場所に写真をドラッグして移動します。

写真をトリミングする

5 「図の形式」タブ→「トリミング」で、不要な部分を切り落とすこともできます。

写真にスタイルや効果をつける

「図の形式」タブのリボンには、写真に視覚効果をつける機能が揃っています。商品写真などは加工するべきではありませんが、イメージ写真には有用です。

図の効果

1 「図の効果」では、写真の境界線に光彩や影、面をつけることができます。

アート効果

2 「アート効果」では、写真をスケッチ調などに加工できます。

図のスタイル

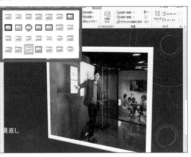

3 「図のスタイル」では、写真の枠、傾きなどの加工を選べます。

PowerPoint

上級技！

スライドの背景として写真を入れる

データあり
100.pptx

スカスカなスライドも大きく印象が変わる

　要素が少ないスライドは、殺風景な印象を与えてしまいます。これといって他に入れる要素が見つからないときは、スライドの内容に近い写真を、背景に入れてみましょう。スライドの印象を大きく変えることができます。その際は、色味も統一すると理想的です。

「背景の書式設定」をクリック

1 「デザイン」タブの「背景の書式設定」をクリックします。

写真を挿入する

2 「塗りつぶし（図またはテクスチャ）」を選択してから「挿入する」をクリックし、「図の挿入」ダイアログで挿入する画像を選択します。

画像が挿入された

3 画像が挿入されました。ただ、文字が読みにくくなってしまいました。

画像の明るさを調整する

4 「図」アイコンをクリックし、「図の修整」から「明るさ」を調整し、文字が読めるようにします。

色味を揃える

5 「図の色」で「温度」を調整すると、色のトーンの温度が変わります。ここでは他のスライドに合わせ、温度を下げ寒色にしました。

スライドをもっと見やすく調整する

　背景画像は文字の邪魔にならないよう、目立ちすぎないことが重要です。人物などの目を引きやすい素材は、アート効果でぼかすなどするといいでしょう。

テーマの背景を非表示に

1 テーマの背景が写真に透けて邪魔になる場合は「背景グラフィックを表示しない」をチェック。

写真をモノトーンにする

2 「図の色」から「色の変更」を適用すると、画像がモノトーンになり、より写真の主張を抑えられます。

アート効果を加える

3 写真の印象が強すぎる場合は、アート効果を利用するのもいいでしょう。

重要！

スライドに図表を挿入する

データあり
101.pptx

SmartArtで手間なく図形を挿入

プレゼンテーション資料には、手順の流れや模式図などの図表が欠かせません。これをグラフィックアプリなどでゼロから作成するのはなかなか手間がかかりますが、PowerPointの「SmartArtグラフィック」を使えば、見た目の整った図表を簡単に挿入することができます。

SmartArtには、「リスト」「手順」「循環」「階層構造」「集合関係」などのカテゴリに分けられた図表が多数用意されています。例えばタイムラインやフローチャートを作成するときは「手順」の中から、組織図を作成するときは「階層構造」や「ピラミッド」の中からと、表現したい内容にふさわしい図表を選ぶといいでしょう。

図表は挿入したものをそのまま利用するだけでなく、必要に応じて図形の追加や削除もできます。その際、図形のレイアウトは自動調整されるため、誰にでも美しい図表が作成できます。

美しい図表で情報伝達力アップ！

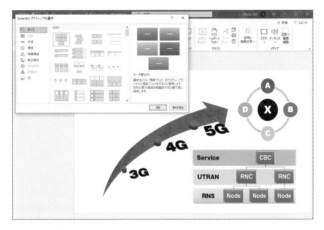

さまざまな図表が用意されているので、目的に合った図表が必ず見つかるでしょう。

PowerPoint

図表の挿入

1 「SmartArtグラフィックの挿入」アイコン、または「挿入」タブの「SmartArt」をクリックします。

図表の選択

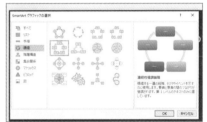

2 ダイアログが開くので、使用する図形を選択して「OK」をクリックします。

図表が挿入された

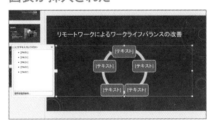

3 選択した図表が挿入されました。

内容を入力する

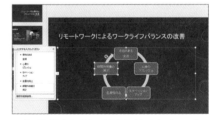

4 図形をクリックし、文字を入力します。左のテキストウィンドウからも入力できます。

POINT

挿入した図表に図形を追加する

挿入した図表では図形が足りない場合は「図形の追加」機能を使います。追加したい位置の図形を選択してから「後に図形を追加」または「前に図形を追加」をクリックすれば、同じ図形を挿入できます。

5つ目の図形を選択→「後に図形を追加」。6つ目の図形が追加されました。

図表の見た目を整える

重要!

スタイル変更だけでも作りこまれた印象に

SmartArtグラフィックはそのまま使用してもいいのですが、もうひと手間加えると、より見栄えが良くなります。スタイルや色を変更するだけでも印象は変わりますので、いろいろな組み合わせを試して、スライドのテーマに馴染んだ図表に仕上げましょう。

図表の大きさを変える

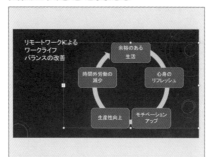

1 図表の四隅のハンドルをドラッグすれば大きさを変更、外枠をドラッグすれば移動できます。

図表のスタイルを変える

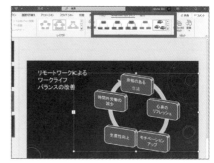

2 「SmartArtのスタイル」から、図表のデザインを変更できます。

図表の色を変更する

3 「色の変更」をクリックすると、図表の色をまとめて変更できます。

文字のフォントを変える

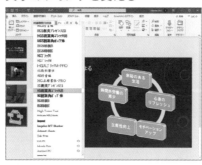

4 図表を選択した状態で「ホーム」タブに移動し、文字のフォントやサイズを変更します。

図表の種類を変える

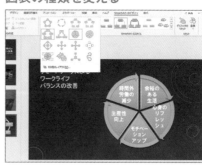

5 「SmartArtのデザイン」タブの「レイアウト」から、別の種類の図表に変更することもできます。

図表を削除するには

挿入した図表に必要以上の図形が入っていたり、うっかり不要な図形が挿入されてしまった場合には、該当の図形を選択した状態でDeleteキーを押します。

不要な図形を削除する

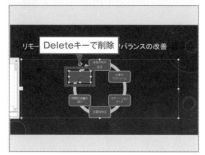

1 削除したい図形をクリックして選択し、Deleteキーを押します。

バランスは自動調整

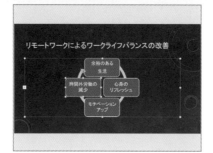

2 図形を削除しても不自然なバランスにならないよう、配置は自動調整されます。

図表全体を削除する

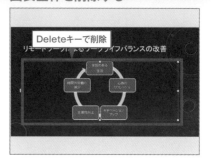

3 図表そのものを削除する場合は、図表の中の何もない部分をクリックし、Deleteキーを押します。

重要!

アウトラインモードで スライドの骨子を考える

頭で考えるよりも まず手を動かそう

最初からプレゼンテーション全体の構成がキッチリ頭の中にある、という人はほとんどいないでしょう。むしろ、いざスライドを作ろうとしても、何から手を付けていいかわからないかもしれません。「アウトライン表示」は、プレゼンテーションの構成を考えるときの助けになる機能です。思い浮かんだ要素をどんどんアウトライン上に入力していき、順番を入れ替えたり、肉付けしたりするうちに、全体像が見えてくるはずです。アウトラインに入力した内容はそのままスライドになりますので、紙に書いたりするよりずっと効率的に進められます。

最初は操作に戸惑うかもしれませんが、「Enterキーで同じ階層が挿入される」というのがポイントです。タイトル入力後にEnterキーを押すと新しいスライドが追加されますが、これはスライドが挿入されたのではなく、空欄のタイトルが挿入されています。通常、同じスライドの中には複数のタイトルが入らないので、タイトルが挿入された結果として新しいスライドも増えた、という考え方です。

アウトラインでプレゼンテーションを組み立てていこう

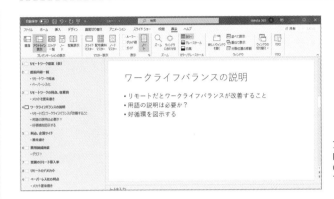

アウトラインに入力していく内容は、箇条書きのようなもので構いません。これを少しずつ発展させていきます。

アウトラインモードにする

1 | 「表示」タブの「アウトライン表示」をクリックします。

素案を入れていく

2 | 大まかな内容で構わないので、左側にテキストを入力していきます。テキストを改行したい場合はプレースホルダーを使います。

EnterキーとTabキー

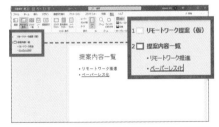

3 | Enterキーを押すと、入力中のテキストと同じ階層が追加されます。Tabキーを押すと1階層下げ、Shift+Tabキーで1階層上げとなります。

通常の編集モードに戻る

4 | 「標準」をクリックすると、アウトライン表示から戻ります。また、いつでも再びアウトライン表示にすることもできます。

POINT

アウトラインを そのまま 印刷する

移動中に構成を考えたりするために、作成途中のスライドを紙に印刷したいこともあるでしょう。しかし、ある程度スライドの編集が進んでいると、トナーやインク、用紙を多く消費してしまいます。そのような目的には、スライド全体ではなくアウトラインを印刷するといいでしょう。アウトライン上の文字の要素だけが、一覧の形で印刷されます。余白部分にアイデアをメモ書きすることもでき、効率的です。

印刷の設定画面で「アウトライン」を指定します。

PowerPoint

上級技!

スライドに 地図を挿入する

データあり
104.pptx

デスクトップの状態を 図として挿入する

「スクリーンショット」機能を使うと、ブラウザで開いた地図などをスライドに挿入できます。

PowerPointを非表示にした状態のデスクトップからスクリーンショットが撮影されますので、撮影対象にするウィンドウは最小化せずにPowerPointに切り替えましょう。

ブラウザで地図を表示する

1 | 「Googleマップ」などのWebサービスで目的地の地図を表示し、ブラウザを最小化せずにPowerPointに切り替えます。

スクリーンショットの挿入

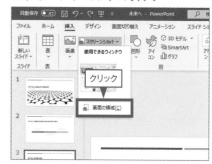

2 | 「挿入」タブの「スクリーンショット」をクリックして、「画面の領域」を選択します。

貼り付け範囲を指定

3 | ブラウザの画面が表示されるので、使いたい範囲をドラッグして指定します。

地図が挿入された

4 | スライドに地図が挿入されました。図などと同じ要領でサイズや位置を調整しましょう。

ウィンドウ全体を貼り付ける

5 | サムネイルを直接クリックすると、領域指定をせずウィンドウ全体が貼り付けられます。アプリによってはサムネイルに表示されないものもあります。

「使用できるウィンドウ」 が真っ黒になるときは

「スクリーンショット」のサムネイルが真っ黒になる場合は、ブラウザの「ハードウェアアクセラレータ」を無効にすると解決します。

ウィンドウが真っ黒

1 | 範囲指定する場合は問題ありませんが、ウィンドウを貼り付けると真っ黒な図になってしまいます。

ブラウザの設定を変更

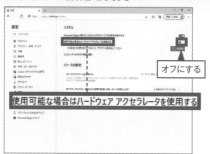

2 | 設定項目はブラウザによりますが、Edgeの場合は「設定」→「システム」で変更します。

サムネイルが表示された

3 | 設定変更後にブラウザを再起動すると、サムネイルが表示されるようになります。

スライドに動画を挿入する

デモンストレーションなどに動画は非常に効果的

　スマホやデジタルカメラで撮影した動画ファイルも、スライドに挿入できます。例えば商品や機械が実際に動作している様子のように、文字や写真では伝えにくい情報は、動画で見せると強く印象づけることができるでしょう。

　ただ、動画は文字や画像に比べて格段に情報量の多い媒体ですが、プレゼンテーションの資料として向いているかといえば、そうとは限りません。動画は見る側に対して画面に集中することを要求するもので、途中で飽きられてしまう恐れもあります。確実に動画が効果的なケースに限定したほうがいいでしょう。その場合も、動画はできるだけ短めに、かつ興味を持ってもらえるような内容であることが必要です。

　もちろん、結婚式や歓送迎会などで使うスライドなら、積極的に動画を活用したいものです。思い出のビデオなどを上手に使えば、会場を大いに盛り上げるスライドに仕上がるでしょう。

動画を使って印象的なプレゼンに

文字や写真だけでは伝わらない情報を、動画で効果的に伝えましょう。

動画を挿入する

1 プレースホルダー内の「ビデオの挿入」アイコンをクリックするか、「挿入」タブの「ビデオ」から「このコンピューター上のビデオ」を選択します。

動画ファイルを選択

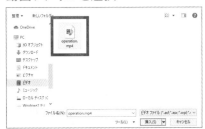

2 ダイアログが開くので、パソコンに保存されている動画ファイルを選択します。

変換される場合もある

3 動画の形式によっては、挿入時に動画の最適化が行われる場合もあります。「キャンセル」はクリックせずにしばらく待ちます。

動画が挿入された

4 動画がスライドに貼り付けられました。図と同じように、スタイルなどを選択することもできます。

POINT

YouTubeの動画を挿入する

　「挿入」タブの「ビデオ」から「オンラインビデオ」を選択すると、YouTubeなどのネット上の動画をそのままスライドへ挿入できます。ただし、誰かがアップロードした動画を使おうとする場合、著作権を侵害しないよう、二次使用について事前に許可を得る必要があります。なるべく自分でアップロードした動画や、自由に使用できる動画を活用しましょう。

開いたダイアログに、動画のURLを貼り付けるだけで挿入できます。

PowerPoint

動画をトリミングして 長さを調整する

必要な部分だけを残し すっきりとした動画に

スライドに挿入した動画をトリミングすると、再生時間を短く調整できます。見る人の興味を引く部分だけを残し、不要な部分はできるだけカットするべきです。実際にデータが削除されるわけではなく、何度もやり直せますので、うまく調整しましょう。

「ビデオのトリミング」を選択

1 動画を選択して「再生」タブを開き、「ビデオのトリミング」をクリックします。

動画の再生開始点を指定する

2 緑色のスライダーを動かすか、「開始時間」を入力し、再生開始点を設定します。

終了点を設定する

3 赤いスライダーを動かすか、「終了時間」を設定し、動画の終了点を設定します。

再生して確認する

4 再生ボタンをクリックすると、実際にどのように動画が再生されるのか確認できます。問題なければ「OK」をクリックして終了します。

動画がトリミングされた

5 設定した開始点と終了点の間のみ、動画が再生されるようになりました。

動画再生時の動作を 細かく設定する

スライドを表示すると同時に動画を再生させる、動画の開始時や終了時にフェードイン・フェードアウトさせるなど、動画の再生方法を細く設定できます。

フェード効果をつける

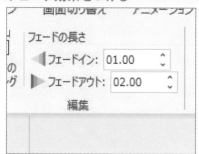

1 「再生」タブの「フェードの長さ」でフェードインやフェードアウトの長さを設定します。

スライド表示と同時に再生

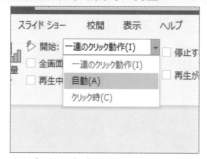

2 「再生」タブの「開始」で「自動」を選択すると、スライド表示と同時に動画が再生されるようになります。

全画面再生する

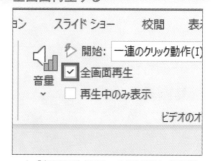

3 「全画面再生」にチェックを入れると、再生時に動画が全画面表示になります。

同じテーマから バリエーションを選ぶ

デザインの幅が 大きく広がる！

「テーマ」には、同じデザインで色合いや模様などを変えられる「バリエーション」が用意されています。テーマを決めるときに、どれもしっくりこない場合もあるかもしれません。そんなときはバリエーションを変えて試してみると、選択の幅が大きく広がります。

作成済みのスライドでバリエーションを変更しても、テーマ自体はそのまま変わりませんので、文字や写真の配置が崩れてしまうこともありません。一覧から選ぶだけで、スライドの雰囲気を大きく変えることができます。バリエーションの数はテーマによって異なりますが、最低でも4種類が用意されています。

バリエーションの選択

「デザイン」タブの「バリエーション」から好みのものを選択するだけでOKです。

バリエーションのいろいろ

同じテーマでも、バリエーションによって雰囲気が大きく変わります。

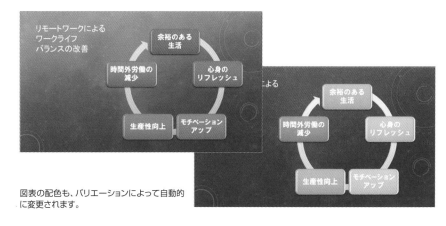

図表の配色も、バリエーションによって自動的に変更されます。

POINT

バリエーションを特定スライドに適用する

バリエーションは通常すべてのスライドに適用されますが、右クリックメニューから「選択したスライドに適用」を選択することで、表示中のスライドにのみバリエーションを適用することもできます。例えばプレゼンテーション内のテーマごとにバリエーションを変えると、全体の統一感を損なうことなく変化をつけることができます。

目的のスライドを表示した状態でバリエーションを右クリックし、「選択したスライドに適用」を選択します。

PowerPoint

スライドの
配色を変える

デザインは変えずに
色だけを変更する

　スライドのテーマは、テキストと背景に4色、図形などのパーツに6色、リンクに2色の、計12色で構成されており、この組み合わせを「配色」と呼びます。バリエーションと似ていますが、背景の模様などデザインはそのままで、色だけを変更することができます。

「デザイン」タブを開く

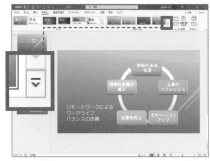

1 「デザイン」タブを開き、「バリエーション」の「配色」をクリックします。

配色を選択する

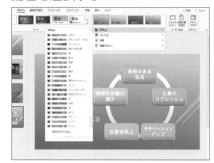

2 「配色」を選択し、一覧から任意の色を選んでクリックします。

配色が変更された

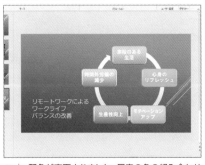

3 配色が変更されました。図表の色の組み合わせも変わっています。

配色を変更するスライドを指定

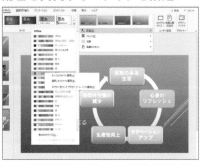

4 配色選択時に右クリックし、「選択したスライドに適用」を選ぶと、特定のスライドだけ配色を変更します。

フォントを変更する

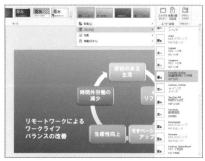

5 「その他」で「フォント」を選ぶと、使用するフォントを変更することもできます。

オリジナルの配色を
作成する

配色一覧に気に入った組み合わせがなければ、「色のカスタマイズ」メニューを使うことで、配色をひとつずつ自分で指定できます。

「色のカスタマイズ」を選択

1 「配色」メニューから「色のカスタマイズ」を選択します。

配色パターンを設定する

2 使いたい色を設定します。「標準の色」から選ぶと、後でテーマを変えても色が自動変更されません。

「その他の色」を使う

3 一覧にない色も、「その他の色」から選択できます。

スライドに番号を挿入する

「どのスライドか」がわかりやすくなる

スライドにページ番号を入れておくと、参加者の質問などに際してスライドの特定が容易になり、不要なやり取りを減らせます。一般的には表紙には番号を入れませんので、特に理由がない限りは「タイトルスライドに表示しない」を設定しておきましょう。

スライド番号を挿入する

1 「挿入」タブの「スライド番号の挿入」アイコンをクリックします。

スライド番号の設定をする

2 「スライド番号」にチェックを入れ、「すべてに適用」をクリックします。

番号が挿入された

3 ページ番号が挿入されました。表紙の番号が不要なら、手順2で「タイトルスライドに表示しない」をチェックしておきます。

2枚目の番号を1にする①

4 表紙に番号を表示しない場合、2枚目を1にします。「デザイン」タブ→「スライドのサイズ」→「ユーザー設定のスライドサイズ」を開きます。

2枚目の番号を1にする②

5 「スライドのサイズ」ダイアログで、「スライド開始番号」を「0」に設定します。

PowerPoint

スライド番号を大きくするには

テーマにもよりますが、スライド番号が小さすぎて見えない場合があります。スライドマスターからスライド番号の書式を変更し、大きくしましょう。

スライドマスターを開く

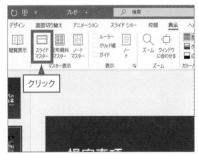

1 「表示」タブから「スライドマスター」を開きます。

番号の書式を設定

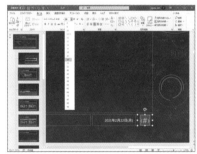

2 「<#>」の書式を「ホーム」タブで変更します。使用しているレイアウトすべてに設定したら「マスター表示を閉じる」で終了します。

番号が大きくなった

3 スライド番号の書式が変更され、視認性が向上しました。

上級技！

スライド切り替え時に効果をつける

データあり
110.pptx

「遊び」の部分なので使い方には注意を

スライドが切り替わるときに、ワイプ、カーテン、回転といった画面切り替えの効果をつけることもできます。さまざまな効果が用意されていますが、ビジネスの場では、奇をてらわないシンプルな効果を選び、さりげなく使う程度に留めましょう。

「画面切り替え」効果を選ぶ

1 「画面切り替え」タブを表示し、表示しているスライドにつける効果を選択します。

「画面切り替え」一覧を見る

2 「その他」をクリックすると、すべての効果が一覧表示されます。

効果を確認する

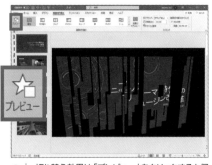

3 切り替え効果は「プレビュー」をクリックすると何度でも確認できます。

すべてのスライドに適用する

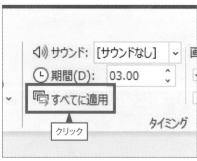

4 「すべてに適用」をクリックすると、切り替え効果がすべてのスライドに適用されます。

効果が全スライドに適用された

5 切り替え効果が適用されているスライドには★マークが表示されます。

画面切り替え効果にあえて凝る

基本的には効果は多用すべきではありませんが、参加者の属性やスライドの内容によっては、音を鳴らすなどの派手な効果を使っても面白いでしょう。

切り替えに音をつける

1 「サウンド」をクリックすると、画面切り替えに爆発音などの音を付加できます。

効果のオプション

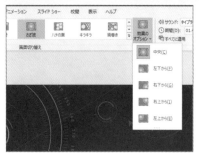

2 「効果のオプション」から効果のバリエーションを選べます。

効果を取り消す

3 効果一覧で「なし」を選択すれば、画面切り替え効果は解除されます。

上級技！

文字や図形を
アニメーションさせる

重要なポイントで
効果的に使おう

　「アニメーション」機能は、スライド内の文字や図形に動きを持たせるものです。キーワードに点滅やズームインを設定したり、説明の進行に合わせて文字を1行ずつ表示させたり、あるいは図表全体を回転させたりと、さまざまなアニメーション効果を設定できます。また、アニメーションには開始効果、強調効果、終了効果などがあり、それぞれ開始のタイミングを指定できます。最初に文字を表示してから図を表示し、次のスライドを表示するタイミングで画面外へ消す、といった複雑な動作も可能です。

　ただし、アニメーションはあくまで演出に過ぎず、本質ではありません。先に紹介したスライド切り替え効果もそうですが、楽しい効果も多いのでつい使ってしまいたくなるものです。しかし、使いすぎて見ている人に違和感や鬱陶しい印象を持たれてしまっては逆効果です。アニメーションを入れるとしても、プレゼンテーション全体を通してせいぜい1種類か2種類で、ここぞというポイントだけで効果的に使うようにしましょう。

アニメーションでスライドの中に動きをつける

アニメーションを設定する

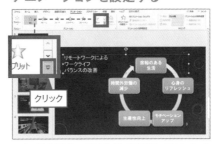

1 対象のプレースホルダーを選択し、「アニメーションタブ」の「その他」を開きます。

効果が設定された

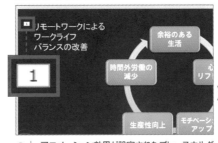

3 アニメーション効果が設定されたプレースホルダーには、左上に番号がつきます。アニメーションはこの番号順に再生されます。

効果を追加する

4 「アニメーションの追加」から、同じ箇所に複数のアニメーションを設定することもできます。

アニメーション効果を選ぶ

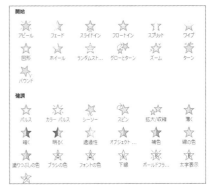

2 一覧から使いたい効果を選びます。

「アニメーションの順序変更」で入れ替えられます。

アニメーションを解除する

5 設定済みのアニメーションを解除するには、対象の番号をクリックして「アニメーション」の「なし」を選択します。

PowerPoint

POINT

効果の動作を
ワンクリックで
プレビューする

　それぞれのアニメーションがどんな動作をするのかを知りたいときに、毎回アニメーション一覧を開くのは少々手間です。一覧の下部にある「その他の〇〇効果」を開いてみましょう。アニメーション一覧が小さめのウィンドウ内に表示され、次々に名前をクリックするだけで動作を確認できます。

「効果のプレビュー」にチェックが入っていれば、クリックと同時に動作をプレビューできます。

箇条書きの文字を次々と表示させる

隠しておいて順番に表示する

箇条書きのプレースホルダーにアニメーションを設定すると、クリックごとに1項目ずつ表示する動きになります。説明の進行に合わせて任意のタイミングで開いていくことができるので、説明前の項目に聞き手の気がそれず、集中してもらえる効果があります。

箇条書きを選択

1 箇条書きが含まれるプレースホルダーを選択し、「アニメーション」タブを開きます。

開始アニメーションを選ぶ

2 「アニメーション」一覧の「開始」の中から、効果を選択します。

効果が設定された

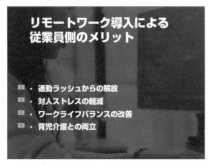

3 箇条書きの項目に、順番に番号がつけられました。

アニメーションの確認

4 プレビューでは、項目が次々に表示されてしまいます。「スライドショー」タブの「現在のスライドから」をクリックしましょう。

実際の動作を確認

5 プレゼンテーション本番ではクリックごとに項目が表示されることが確認できました。Escキーで終了します。

箇条書きが同時に表示されるようにする

プレースホルダーではなく文字を直接選択して設定すると、選択した部分にだけアニメーションが設定されます。これを使うと複数項目の同時表示も可能です。

セットにする文字を選択

選択した状態でアニメーションを設定

1 同時に表示させたい文字を選択し、この状態でアニメーションを設定します。

2行ずつ同時に表示する

2行とも1番目に表示される

2 選択した2行に同じ番号が表示されました。同様に残りの項目にも設定すれば、最初はすべて隠れた状態になります。

単語単位での選択も可能

Ctrlキーを押しながら選択

3 Ctrlキーを押しながら選択すれば、行中の任意の部分だけを同時にアニメーションさせることもできます。

作成したスライドを
スライドショーで確認する

重要!

スライドの動作チェックや本番に向けた練習に

　スライドが完成したら、スライドショーを実行してみましょう。スライドショーはプレゼンテーション本番で使うほか、リハーサルや、アニメーションを設定したスライドの動きを確認する際にも活用します。誤字などのミスがないかもよく確認しましょう。

スライドショーを実行する

1 「スライドショー」タブの「最初から」をクリックします。

全画面表示される

2 スライドが全画面で再生されます。

クリックして進める

3 マウスをクリックすると、アニメーションやスライドが進行します。BackSpaceキーで1つ戻ります。

ペンやポインターも使える

4 画面左下のペン型のアイコンから、ペンやレーザーポインターを呼び出せます。

一部分を拡大する

5 同じく画面左下の虫メガネ型のアイコンをクリックすると、画面の一部分を拡大できます。

重要!

プレゼンテーションの
予行演習をする

　ぶっつけ本番で臨まず、事前にプレゼンテーションの練習をしておきましょう。「リハーサル」や「スライドショーの記録」機能が役に立ちます。

練習を始める

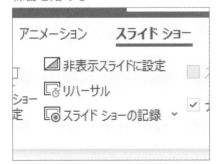

1 「スライドショー」タブに「リハーサル」と「スライドショーの記録」が用意されています。

終了までの時間を表示

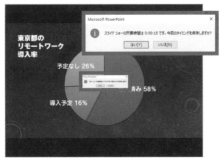

2 「リハーサル」では、すべてのスライドが終わると所要時間が表示されます。

動画として記録する

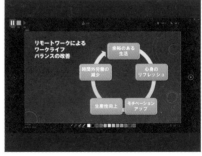

3 「スライドショーの記録」では、音声とタイミングを記録します。ファイルメニューの「エクスポート」→「ビデオの作成」で動画として保存できます。

PowerPoint

重要！

P

参加者向けの
メモ欄つき資料を印刷する

聞き手がメモできる
配布資料を印刷しよう

　プレゼンテーションを行うときには、参加者に内容を検討してもらうために、スライドを印刷したものを資料として配ります。用紙1枚にスライド1枚を印刷するのではなく、視認性を保ちつつコンパクトにまとめましょう。メモ欄がついていると親切です。

印刷プレビューを表示する

1 「ファイル」タブを開き、「印刷」画面でプレビューを確認します。

印刷レイアウトを設定する

2 「印刷レイアウト」を「3.スライド」に変更します。

印刷を開始する

3 メモ欄つきのプレビューが表示されました。「印刷」をクリックして印刷を開始します。

スライドが印刷された

4 日付入りの資料が印刷されました。

印刷設定を変える

5 設定を変更すれば、横方向印刷や、モノクロでの印刷もできます。

発表当日の日付で
事前に印刷する

　印刷した資料には印刷日の日付が入りますが、プレゼンテーションよりも前の日に印刷する場合でも、ヘッダーを編集すれば当日の日付を入れられます。

ヘッダーとフッターの編集

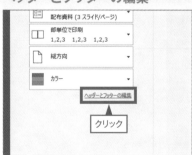

1 「印刷」画面の「ヘッダーとフッターの編集」をクリックします。

日付を固定にする

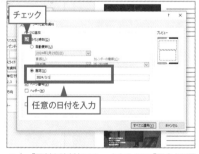

2 「日付と時刻」にチェックを入れて「固定」を選択し、任意の日付を入力します。

日付が変更された

3 設定した日付がプレビューで確認できました。

重要!

完成したスライドを PDF形式で保存する

「エクスポート」から PDFを出力する

PDFは、アドビシステムズ社が開発した文書の形式で、紙に印刷したものと同じ状態を画面上に再現します。印刷メニューから出力する方法はWord編の40ページで紹介しましたが、こちらでは「エクスポート」メニューからPDF形式のファイルを保存します。

「エクスポート」を選択

1 PDFにしたいプレゼンテーションを表示した状態で「ファイル」タブを開き、「エクスポート」をクリックします。

PDFを作成する

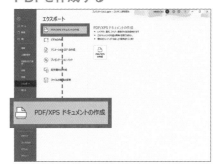

2 「PDF/XPSの作成」をクリックします。

PDFとして保存する

3 ファイル保存ダイアログが開きます。「ファイルの種類」がPDFになっていることを確認して「発行」をクリックします。

オプションを変更する

4 「発行」の前に「オプション」をクリックすると、スライドの指定や配布資料のPDF化を選択することもできます。

PDFファイルを表示する

5 PDFファイルは、アドビシステムズが無料配布する「Adobe Acrobat Reader DC」やWebブラウザなどで閲覧します。

PowerPoint

注釈も入れられる PDFリーダーを使う

PDFはブラウザでも表示できますが、専用のリーダーアプリを使うと快適です。「Adobe Acrobat Reader DC」なら、PDF上に注釈を入れることもできます。

Acrobat Reader を入手する

1 https://get.adobe.com/jp/readerへアクセスし、ダウンロードします。

注釈を入れられる

2 PDF上にコメントを入れられます。事前に責任者のチェックを通す場合などに有用です。

PDFのタイトルを変更する

3 PDFリーダーを使ったときに表示されるタイトルは、PowerPointの「ファイル」→「情報」→「プロパティ」で変更できます。

115

重要!

発表者専用画面で
プレゼンテーションする

メモや次のスライドを見ながらプレゼンを進行

　参加者に見せる全画面のスライドショーとは別に、「発表者ツール」が用意されています。複数のモニターが接続されている場合、発表者の手元の画面には発表者ツールが、参加者が見ているモニターには全画面のスライドが表示されるというしくみです。

　発表者ツールには、現在のスライドの表示の他に、ノートに入力したメモ、次に表示するスライド、プレゼンテーション開始からの経過時間などが表示されます。メモには、そのスライドで話すべき内容や、補足事項、事前のリハーサルで気づいたこと、想定される質問への回答などを入力しておくといいでしょう。

「発表者ツール」は本番での強い味方

経過時間

現在表示中のスライド

次に表示されるスライド

メモ

ツールバー

発表者ツールを表示する

発表者ツールを表示(R)

「スライドショー」を開始、右クリック→「発表者ツールを表示」をクリックします。

ペンとレーザーポインター

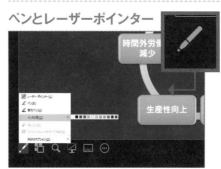

スライドに書き込めるペンや、レーザーポインター風のマウスポインターが使えます。

全てのスライド表示

全スライドのサムネイルを表示し、目的のスライドをすばやく選択できます。

メモを入力するには

編集画面の各スライドの下にある「ノート」ペインに、そのスライドに関連するメモを入力します。

スライドの拡大

スライドの一部を拡大表示します。図表やグラフなどが見やすくなります。

字幕の切り替え

本日はよろしくお願いいたします。

「字幕」を有効にすると、発表者がマイクで話している内容を音声認識し、字幕として表示します（インターネット接続が必要です）。

POINT

発表者ツールをZoomの画面共有で使う

　「Zoom」を使ったリモートでのプレゼンテーションでは、画面の共有機能を利用します。その際には、スライドショーを全画面共有するよりも、発表者ツールに表示されているスライドの部分だけを共有するといいでしょう。

　Zoomで「画面の共有」→「詳細」→「画面の部分」と選択していけば、画面を共有する範囲を指定する枠が表示されます。それを発表者ツールのスライド部分に合わせればOKです。

オレンジ色の枠がZoomで画面共有される範囲です。範囲を設定するまでは、Zoom側で画面共有を一時停止しておきましょう。

PowerPoint Q&A

Q 頑張ったのにいまいちプレゼンの反応が悪い どうすれば説得力のあるプレゼンができる?

A 聞き手の心理を想像して 飽きさせない資料を作ろう

効果的なプレゼンテーションを行うには、もちろん話し方も大切なのですが、聞き手の興味を引き続ける展開であることが重要になります。慣れないうちにやってしまいがちなのが箇条書きの羅列で、箇条書きとその説明の繰り返しでは、聞き手は飽きてしまいます。イラストや写真を活用し、聞き手の興味を引き続けるよう工夫しましょう。自分の好みよりも、聞き手に合わせたデザインにすることも重要です。

1 | 箇条書きが悪いというわけではありません。これで終わらせず、続く展開で聞き手の興味を引きましょう。

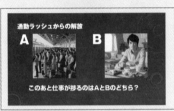

2 | 例えば「通勤ラッシュから解放されます」で終わらせず、少し聞き手に考える余地を持たせてみます。

3 | 聞き手が女性中心であれば、写真の人物も女性にして柔らかめなデザインにするなど、プレゼン相手の属性も考慮しましょう。

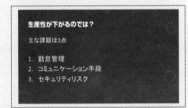

4 | 事後に聞き手から出てきそうな質問や指摘を想像し、先回りしておくと説得力が増します。

Q スライドは 何枚くらい用意すれば ちょうどいいの?

A スライド1枚あたりの 時間で考えます

スライド1枚につき30秒、長めの説明を要するなら1分程度が目安になります。持ち時間が10分なら、20枚以下でまとめるといいでしょう。

スライドごとの時間配分は、事前に「スライドショー」でシミュレーションしておきます。

Q いい画像や イラスト素材は どこで探せばいい?

A 365のストック画像は 著作権もクリア

自由に使用できる「ストック画像」があります。「アイコン」から開くので見落としがちですが、写真やイラストも豊富に用意されています。

「挿入」タブの「アイコン」から。キーワードによる検索もできます。

Word	Excel	**PowerPoint**

複数の画像や図のサイズを揃えたいが1枚ずつ同じ大きさに合わせるのが大変

 「図の書式設定」から数値で指定しよう

図をドラッグして、ひとつひとつ目視で大きさを揃えるのは手間がかかります。「図の書式設定」から、サイズを数値で指定するといいでしょう。比率の異なる図でも、高さのみサイズを揃えるといったことができます。cm単位で指定するので最初は戸惑いますが、ベースになるスライドの大きさは標準設定では高さ約19cm、幅が約34cmになっていますので、これを目安に図の大きさを設定していきましょう。

図を選択して右クリック

1 図を右クリックして「オブジェクトの書式設定」を選択。このとき複数の図を選択しておくと、まとめて設定できます。

サイズを設定

必要に応じて変更

2 「図の書式設定」が開きます。「サイズ」欄で高さや幅を設定します。縦横比を固定するなら高さか幅の一方だけで構いません。

3 サイズが変更され、2つの図の大きさが揃いました。

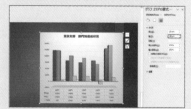

4 グラフも同様の操作で大きさを指定できます。

スライドを印刷したら余白ができてしまって見栄えが良くないどうにかできる?

スライドの比率やサイズは変更できる

標準のスライドは縦横比が16:9になっています。印刷する用紙やプロジェクターなどの画面の比率に合わせてサイズを変更しましょう。

他の比率にするならこちら

「デザイン」タブの「スライドのサイズ」から変更。「ユーザー設定の~」でA4サイズなども選べます。

スライドをメールで送るのでファイルのサイズを小さくしたい

「画像の圧縮」で画像の解像度を落とそう

「画像の圧縮」を使うと、画質は粗くなりますがファイルサイズはかなり小さくなります。動画は送るときだけ画像に差し替えておきましょう。

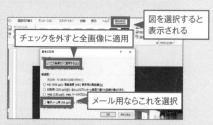

図を選択すると表示される

チェックを外すと全画像に適用

メール用ならこれを選択

画像を選択すると表示される「図の形式」タブ→「図の圧縮」。「圧縮オプション」と「解像度」を目的に応じて設定します。

Chapter 4

Officeを組み合わせて使ったり
クラウドを利用する!

実践
テクニック編
Office Practical technics

重要!

Excelで作成したグラフを Word文書で使用する

異なるソフト間でも コピーと貼り付けが可能

　Wordにもグラフ作成機能があ　　
りますが、Excelで作成済みのグラフ
をそのままWord上に貼り付けるこ
ともできます。Excelでの集計や分
析の結果を文書にまとめる際に活用
しましょう。あらかじめ目的のファ
イルをExcelとWordの両方で起動
して作業を始めるとスムーズです。

グラフをコピーする

1 | Excelのグラフをコピーします。

Wordに切り替える

クリック

2 | Wordに切り替え、グラフを貼り付ける部分をクリックします。

グラフを貼り付ける

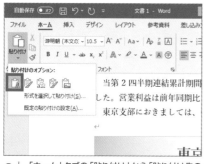

3 | 「ホーム」タブの「貼り付け」から「貼り付け先のテーマを使用しブックを埋め込む」を選択します。

グラフが挿入された

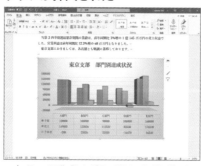

4 | Excelで作成したグラフがWordに貼り付けられました。

デザインを変える

5 | 「グラフのデザイン」タブでグラフスタイルを変更することもできます。

グラフの貼り付け形式を 変更する

　グラフ貼り付け時の「貼り付け
のオプション」には、下記の5通り
があります。数値などが未確定な
ら、当面はデータをリンクし、確
定次第埋め込むといいでしょう。

グラフの貼り付け形式を選択する

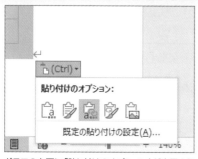

グラフの右下に「貼り付けのオプション」が表示されます。

「貼り付けのオプション」の動作

貼り付け先のテーマを使用しブックを埋め込む	Wordに適用されているテーマで貼り付ける
元の書式を保持しブックを埋め込む	Excelで適用されていたテーマが保持される
貼り付け先テーマを使用しデータをリンク	Wordに適用されているテーマで貼り付けられ、グラフ内データはExcelと連動する
元の書式を保持しデータをリンク	Excelで適用されていたテーマが保持され、グラフ内データはExcelと連動する
図	図として貼り付ける

Excelで作成した表をWordに挿入する

データあり
121.xlsx
121.docx

手間を省くには図として貼り付ける

　グラフと同様に、Excelで作成した表もそのままWordへ貼り付けられます。表やフォントのサイズによってはWordの編集領域からはみだしたり、表の縦横比が変わったりすることがあるので、表内のデータを再編集する必要がなければ図として貼り付ける方法がおすすめです。

表をコピーする

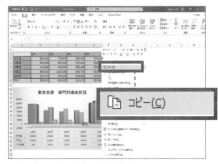

1 Excel上の表をコピーします。

Wordに切り替える

2 Wordを表示し、表を挿入したい部分にカーソルを表示させます。

表を貼り付ける

3 「貼り付け」から「貼り付けのオプション」を選択します。

表が貼り付けられた

4 「元の書式を保持」で貼り付けた例です。フォントサイズの影響で、各セルの高さが元の表より高くなっています。

図として貼り付ける

5 データを再編集する必要がなければ、「図」で貼り付けるとレイアウトが崩れず手間がかかりません。

貼り付けた表や文字の大きさを調整する

Excel上の元の表の書式やセル数によっては、Word上では表や文字のサイズが大きすぎる、または小さすぎる場合があります。見やすい形に調整しましょう。

文字の大きさを変更する

1 この例では本文よりも表の文字が大きいので、少し小さくします。表全体を選択し、「ホーム」タブでフォントサイズを変更します。

表の大きさを変更する

2 表の右下に表示されているハンドル（四角）にマウスポインターを合わせ、ドラッグすると表の大きさが変わります。

表を調整できた

3 文字サイズを本文と同じにし、表のサイズを本文の横幅に合わせました。

重要！

Excelで作成した表を PowerPointに挿入する

データあり
122.xlsx
122.pptx

貼り付けた後の調整が大切

　Excelで作成した表をPower Pointのスライドに貼り付ける方法です。手順自体は簡単ですが、見やすく再編集することが大切になります。貼り付けた表がテーマに馴染まない場合は、「テキストのみ保持」で貼り付け、95、96ページの方法で整えるのもおすすめです。

スライドを用意する

1 PowerPointで、表を挿入するためのスライドを用意しておきます。

Excelで表をコピー

2 Excel上で目的の表をコピーします。

スライドに貼り付ける

3 「ホーム」の「貼り付け」で「貼り付けのオプション」を選択します。

表が貼り付けられた

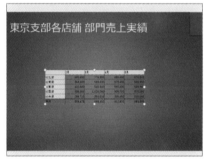

4 「元の書式を保持」で表を貼り付けました。Excel上で色が塗られていなかったセルが読みづらくなっています。

表を整える

5 大きさとフォントを変更し、透明だったセルは「図形の塗りつぶし」で塗りつぶすことで見やすくなりました。

重要！

Excelのグラフを PowerPointに挿入する

　グラフもExcelからPower Pointへコピーできます。そのままでも使用できますが、スライドのテーマに合わせてスタイルを変更するとより見やすくなります。

グラフをコピーする

1 Excel上のグラフをコピーします。

スライドへ貼り付ける

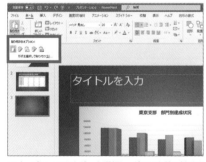

2 プレースホルダーを選択し、グラフを貼り付けます。

グラフを整える

3 大きさなどを調整します。「グラフのデザイン」タブで「グラフスタイル」を変えることもできます。

Wordで作成した文書を PowerPointに読み込む

データあり
123.docx
123.pptx

Wordの文字データから スライドを生成する

Word上の文字をPowerPointに読み込む方法です。どちらかといえばアウトラインをWordで作成するための機能で、既存の文書を利用する目的なら必要な部分のみをコピーする方が簡単です。スタイルを設定しない場合、1枚のスライド上にすべてのテキストが読み込まれます。

スタイルを設定する

1 Word上のテキストに「見出し」スタイルを設定します。「見出し1」がタイトル、「見出し2」が箇条書き、「見出し3」はその下層となります。

保存してWordを終了する

2 テキストにスタイルを設定し終えたら、ファイルを保存してWordを終了します。

アウトラインの挿入

3 PowerPointで「ホーム」タブ→「新しいスライド」→「アウトラインからスライド」と選択します。

Word文書を選択

4 ファイル選択ダイアログが表示されるので、保存したWord文書を開きます。

アウトラインが読み込まれた

5 「見出し1」が新しいスライドのタイトルになるという点が重要です。先頭の白紙スライドは削除しておきましょう。

重要!

PowerPointに Word文書を貼る

Wordの文書を見た目そのままに、PowerPointのスライドへ貼り付ける方法です。Excelのワークシートも同じ方法で貼り付けられますが、大きい表はカットされます。

オブジェクトの挿入

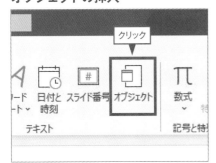

1 「挿入」タブ「テキスト」グループの「オブジェクト」をクリックします。

ファイルを指定する

2 「ファイルから」を選択し、「参照」をクリックしてWord文書ファイルを指定します。

Word文書が読み込まれた

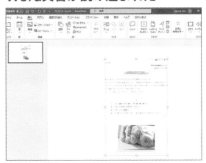

3 イメージそのままで読み込めます。ただし、余白部分の文字や飾り罫線などはカットされます。

重要!

Officeと連携できるクラウド OneDriveを活用する

インターネット上で Office文書を扱える

「OneDrive」は、マイクロソフトが提供している無料のクラウドストレージサービスで、Office文書をはじめとしたあらゆるファイルをインターネット上に保存することができます。ネット接続環境さえあれば、会社、自宅、外出先とどこからでも利用できるので、USBメモリなどでファイルを持ち歩く必要もなくなります。パソコン、スマホ、タブレットなど機器も問わずアクセスできるので、非常に便利なサービスです。また、OneDriveに保存したOffice文書は、ブラウザ上で動作するオンライン版のExcelやWord、PowerPointで編集することもできます。

OneDriveを利用するためには、Microsoftアカウントが必要になります。自分がMicrosoftアカウントを持っているかわからない場合は下記を参考にし、持っていない場合は新規に取得しましょう。

Microsoftアカウントは、誰でも無料で取得できます。 https://account.microsoft.com/

OneDriveの利用方法

Officeの保存場所として利用

「開く」や「名前を付けて保存」で、OneDriveを参照先として選択できます。

ブラウザ上で動作するWeb版Officeは、ファイルの保存場所としてOneDriveを使用します。

エクスプローラーから利用

普段使っているフォルダーと全く同じ感覚で操作できます。ここに保存したファイルは自動的にオンラインストレージと同期されます。

スマホやタブレットから利用

OneDriveのアプリをインストールすると、スマホでもOneDrive上のファイルを扱えます。

通知領域から利用

通知領域のOneDriveのアイコンから、ファイルの同期状況を確認したり、フォルダを開いたりできます。

ブラウザから利用

Webブラウザ上でオンラインストレージ上のファイルを操作できます。

POINT

Microsoft アカウントは取得済みか？

Microsoft 365をサブスクリプション契約している人は、契約にアカウントが必要なので取得済みです。また、WindowsのサインインにもMicrosoftアカウントを使用できるようになっています。自分がアカウントを持っているかわからない場合は、Windowsのユーザー情報を確認してみましょう。もしメールアドレスが表示されていれば、それがMicrosoftアカウントのサインインに使用するアドレスです。

Windowsの「設定」にメールアドレスと「Microsoftアカウント」の表示があるかを確認します。

Technic

作成したOffice文書をOneDrive上に保存する

パソコンの中とネット上に保存される

各Officeアプリでは、ファイルの保存先として直接OneDriveを指定できます。OneDriveに保存すると、パソコンの中のOneDriveフォルダーと、ネット上のOneDriveの両方に保存されます。ファイルを変更すると自動的に同期され、常に両者が同じ状態に保たれるしくみです。

OneDriveに保存する

1 「名前を付けて保存」で、「OneDrive」を選択します。

新しいフォルダーを作る

2 初期状態では「ドキュメント」と「画像」というフォルダーがあります。必要に応じて新しいフォルダーを作成します。

「保存」をクリック

3 フォルダー名とファイル名を確認し、「保存」をクリックします。

ローカルのフォルダーを確認

4 パソコン内（ローカル）のOneDriveのフォルダーを確認すると、ファイルが保存されていることがわかります。

ブラウザで確認

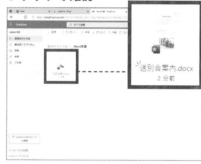

5 WebブラウザでOneDriveにアクセスすると、オンラインストレージ上にも保存されていることがわかります。

OneDriveを使って文書を自動保存する

保存先をOneDriveにすると「自動保存」が有効になります。トラブルで強制終了した場合などでも、最新状態の文書をキープできるほか、履歴もさかのぼれます。

「自動保存」が有効になる

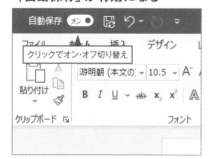

1 OneDrive上の文書は、自動的に「自動保存」が有効になります。モバイル通信時などにはオフにすることもできます。

履歴を開く

2 タイトルバーのファイル名をクリックし、「バージョン履歴」をクリックします。

履歴をさかのぼれる

3 自動保存の履歴が表示されます。大幅にやり直したいときは、「バージョンを開く」で以前の状態に戻ることもできます。

ローカルへ同期させる
OneDrive内のフォルダー設定

スマホやタブレット、SSDとの同期には必須

OneDrive内に保存したファイルは、クラウドとローカルが同期されます。便利な機能ですが、ローカルの保存領域を圧迫する原因にもなり得ます。使用頻度の低いファイル（フォルダ）は同期を解除しましょう。アプリ上から参照できなくなりますが、ブラウザからはアクセス可能です。

OneDriveの設定を開く

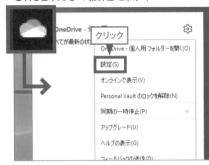

1 通知領域にあるOneDriveのアイコンを右クリックし、開いたメニューの「設定」を選択します。

フォルダーの選択①

2 「アカウント」タブの「フォルダーの選択」をクリックします。

フォルダーの選択②

3 同期の設定はフォルダー単位で行います。「フォルダーの選択」ウィンドウが開いたら、同期しないフォルダーのチェックを外します。

フォルダーの選択④

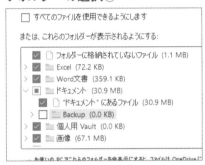

4 「>」をクリックするとフォルダ階層が表示され、サブフォルダも個別に設定できます。ある程度ファイルとフォルダを整理してから設定にのぞみましょう。

スクリーンショットの設定

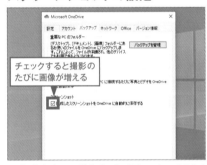

5 「バックアップ」タブの「スクリーンショット」のチェックは、必要なければ外しておくといいでしょう。

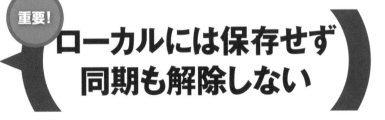

重要！
ローカルには保存せず
同期も解除しない

同期していないファイルを開くには、再同期やブラウザからの参照が必要で手間を取ります。同期したまま必要時にダウンロードするオンデマンド同期も活用しましょう。

オンデマンド同期の有効化

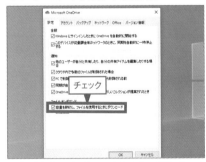

1 「設定」タブの「ファイルオンデマンド」にチェックが入っていれば利用可能です。

ローカル側のみ削除

2 フォルダ内を右クリックして「空き容量を増やす」を選択すると、同期を維持したままでローカルから削除されます。

アイコンの見方

ローカルに保存されている

クラウド上に保存されており、開くとダウンロードされる

他のユーザーと共有されている

3 「状態」欄に表示されるアイコンの意味は上の通りです。

モバイルアプリで
スマホでもOfficeを活用

作成や編集もできる
オールインワンアプリ

「Office Mobile」は、スマホ向け（iOS、Android）に最適化された無料のオフィスアプリです。以前は別々に提供されていたExcelやWord、PowePointなどが1本にまとめられており、文書の閲覧だけでなく新規作成や編集もできるようになっています。出先でOneDrive上のテンプレートを開き、その場で作った見積書をPDFで発行するといった使い方も可能です。

なお、Microsoft 365のサブスクリプションに加入していなくても利用できますが、一部の機能が制限されるほか、商用利用が許可されていません。業務で使用するにはサブスクリプション加入が必須です。

各アプリがスマホで使える

OneDriveと連携

OneDriveや端末内に保存されているファイルをすぐに開けます。もちろん編集も可能です。

PDFも扱える

文書をPDFに変換したり、PDFに署名したりといった操作ができるのも利点です。

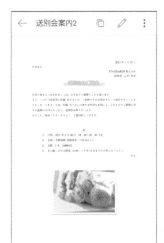

Word

Excel

PowerPoint

POINT

スマホのカメラで
撮影した画像から
表を作成できる

モバイル版には、スマホのカメラで撮影した文字列や表をOCR認識し、テキスト化して文書に取り込む機能があります。会議で配布された紙資料から飲食店のメニューまで、その場で電子化して活用しましょう。

カメラで撮影した表を認識します。

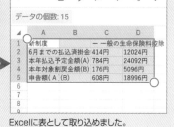

Excelに表として取り込めました。

Technic

グループでの共同作業に便利な Web版のExcelを理解しよう

主要な機能に加えて グループ向け機能も

OfficeにはWebブラウザ上で動作するWeb版が存在します。ここではExcelを取り上げますが、WordやPowerPointのほか、OutlookやOneNoteも用意されており、マイクロソフトアカウントとインターネット環境さえあれば、無料で利用できます。

デスクトップ版と比較すると、例えばグラフの種類が少ない、マクロが使えないなど、機能面で一部制限があるほか、ファイルはOneDriveを経由する必要がある、環境によっては動作が重いなどのマイナスポイントもあります。それでも、Web版でも主要な機能は十分にサポートされており、デスクトップ版とさほど変わらない感覚で活用できます。また、Officeを使えない環境のユーザーに文書を見てもらったり、共有して編集もできたりするという点は、テレワークでも大いに役に立つはずです。

デスクトップ版と同じ感覚で使えるWeb版Excel

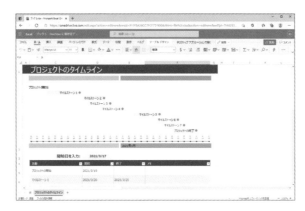

ネット環境と普段使っているWebブラウザー以外には、必要なものはありません。一見しただけではデスクトップ版との違いがわからないほどです。

ファイル選択画面もデスクトップ版と似ています。

プレビューを確認した上での印刷もできます。

表計算はデスクトップ版と同様に可能です。多少制限はありますが、グラフの作成もできます。

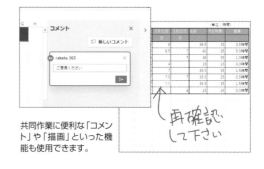

共同作業に便利な「コメント」や「描画」といった機能も使用できます。

POINT

Web版で作成 できなくても 読み込みは可能

Web版のExcelでは、主にグラフや図に関する機能が省略されています。例えば、表から簡単なグラフを作成することはできますが、選択できるグラフの種類が少ないほか、「グラフスタイル」や「グラフの種類を変更」は機能そのものが存在しません。デスクトップ版で作成したグラフや図をWeb版で表示させること自体は可能なので、互換性の心配はありませんが、細かい調整はデスクトップ版の方がストレスなく作業できます。

Web版には存在しないスタイルのグラフですが、表示は可能です。

重要！

実際にWeb版の Excelを使ってみる

普段使っているブラウザで Excelを開ける

Web版Excelを開く方法はいくつかありますが、ここではOneDriveから開く方法を紹介します。WebブラウザはEdge以外に、ChormeとFirefoxがサポートされています。MicrosoftアカウントでOneDriveへサインインし、メニューからExcelを開きましょう。

OneDriveにサインインする

1 Microsoftアカウントを使い、OneDrive（https://onedrive.live.com/）にサインインします。

Web版Excelの表示

2 左上のボタンをクリックしてメニューを表示し、「Excel」をクリックします。

編集するファイルを選択する

3 ファイル選択画面になるので、OneDriveに保存済みのファイルの中から選択します。「新しい空白のブック」で新規作成もできます。

ブックが開いた

4 ここでは、OneDriveに保存済みだったブックを開きました。

Web版Excelを終了する

5 変更の都度、自動的に保存されるので、そのままブラウザを閉じて構いません。「ファイル」タブから別名での保存やダウンロードもできます。

リボンの表示設定を 変更する

Web版では、1行に簡略化されたリボンが標準設定になっています。機能がわかりにくいようなら、デスクトップ版と同様のリボン表示に切り替えることもできます。

リボンの表示オプション

1 リボン右端の「v」（リボンの表示オプション）をクリックします。

リボンの設定を切り替える

2 「クラシックリボン」を選択します。

見慣れたリボン表示に

3 デスクトップ版と同じリボン表示になります。リボンの幅の分だけ編集領域が狭くなるので、「自動的に非表示にする」を併用してもいいでしょう。

重要！

Web版Excelを
グループで共有して使う

共有する相手に
リンクを知らせるだけ！

　OneDrive上のブックは、相手にリンクを知らせるだけで共有できます。リンク送信の際に、必要に応じてパスワード制限や有効期限、閲覧のみの設定も可能です。誰かが編集中の時は、相手側のアクティブセルも画面に表示されます。同じセルを同時編集しないよう注意しましょう。

共有するブックを開く

1 Web版Excelで共有するブックを開き、「共有」をクリックします。

リンクを送信する

2 送信先のメールアドレスやメッセージを入力します。制限をかけたい場合は「リンクを知っていれば～」をクリック、そのままでよければ「送信」します。

相手にメールが届く

3 メッセージの送信先には、このようなメールが届きます。手順2で「リンクのコピー」をクリックし、自分でメールやSNSに貼り付けても構いません。

同時に編集できる

4 相手側では、届いたリンクをクリックすると直接ブラウザでブックが開きます。同時に編集しているときは、相手のカーソルも表示されます。

履歴を利用する

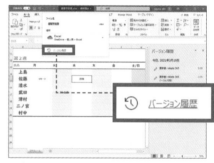

5 誰が何を変更したのかわからなくなった、誤った変更が反映されてしまったというときは、デスクトップ版のタイトルバーから履歴をさかのぼれます。

重要！

共有時にコメント
機能を活用する

　「コメント」機能は、重要事項の周知や不明点の確認などに便利です。コメントはセルに対して付くので、新規コメントは該当セルを選択した状態で入力します。

コメントの表示と入力

1 「コメント」アイコンから、ワークシート上の全コメントを確認できます。新規コメントは「新しいコメント」や、セルの右クリックメニューから入力します。

セルのコメントの確認

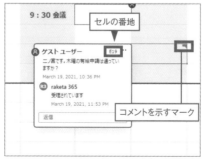

2 コメントが入力されたセルの右上にはマークが付きます。マウスポインターを合わせると、ワークシート上でもコメントを確認できます。

解決済みのコメントの処理

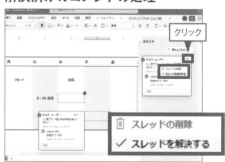

3 不要になったコメントは、コメント右上のメニューから「スレッドの削除」や「スレッドを解決する」を選択しておきましょう。

Web用Excelで使える便利なショートカット

ショートカットで効率的に操作しよう

Web版でもデスクトップ版とほぼ同様にショートカットキーを利用できます。Webブラウザと重複するショートカットキーは、Excelが優先して使用できます。一部、デスクトップ版と異なるものもあるので、ヘルプメニューからショートカットの一覧を確認しておきましょう。

Altキーを使った操作

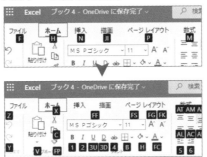

1 | Altキーを押すとメニュー上にアルファベットが表示され、該当キーで機能を呼び出せます。例えば、Alt→H→Bの順に入力すると、「罫線」が開きます。

「表示形式」の設定

Ctrl+1

2 | デスクトップ版ではCtrl+1で「セルの書式設定」が開きますが、Web版では「表示形式」となります。

「検索と置換」を表示

Ctrl+H

3 | Ctrl+Hで「検索と置換」が表示されます。

文字修飾のショートカット

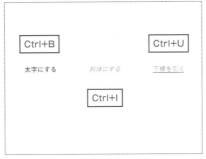

Ctrl+B 太字にする　Ctrl+U 下線を引く　Ctrl+I 斜体にする

4 | よく使われる「太字」「斜体」「下線」のショートカットは、「Bold」「Italic」「Underline」の頭文字です。

その他のショートカット

5 | 「ヘルプ」→「キーボードショートカット」で、使用できるショートカットを確認できます。

Web用Excelのオートフィルの動作

Web版には、同じ文字や連番などをドラッグで入力する「オートフィル」に「オートフィルオプション」がありません。連続データを入力する際はCtrlキーを使いましょう。

オートフィルオプション

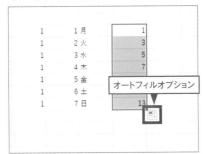

1 | デスクトップ版では「オートフィルオプションが表示されますが、Web版ではこれが表示されません。

Web版での連続データ入力

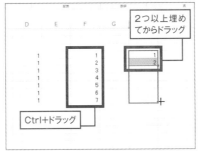

2 | 連番はCtrlキーを押しながらドラッグするか、予め2つ以上セルを埋めてからドラッグします。

ドラッグで削除できない

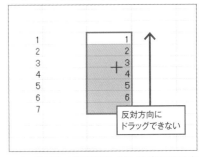

3 | デスクトップ版ではオートフィル済みのセルをドラッグで戻すことができますが、Web版では選択して削除するしかありません。

Office上で使える生成AI 「Copilot」ってどんなもの?

Microsoft純正の生成AIサービス

「Copilot」(コパイロット)はマイクロソフトが提供する一連のAIアシスタントサービスの総称です。代表的なものとしてはブラウザで利用する「Microsoft Copilot」(旧称「Bing Chat」)、Windows10や11の「Copilot in Windows」があり、このほど365向けにも「Copilot for Microsoft 365」がリリースされました。Copilot 365は当初法人限定のサービスでしたが、現在は個人プランも用意されています。

Copilotは、先行していたOpenAI社の「ChatGPT」と同じくLLM(大規模言語モデル)というしくみを採用しており、人を相手にするように質問や指示を出すと、的確な回答を自然な文章で返してくれるというAIです。ChatGPTとの最大の違いは、各365アプリと連携できるという点でしょう。それには別途契約が必要になりますが、リボンに追加されたアイコンから直接呼び出し、例えばExcelなら目的に最適な関数を聞いたり、編集中のシートを分析させたりといったことができるようになります。

ChatGPTとCopilotの比較

ChatGPT

・幅広い話題に適する
・文書生成や文脈理解が得意
・より柔軟に応答
・無料版はGPT-3.5

Copilot

・365アプリをサポート
・技術的なQ&AやHowToが得意
・情報の出典を表示
・無料版でもGPT-4

Microsoft365と連携するCopilot

Copilot

アプリ上で直接呼び出せる!

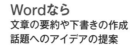

Wordなら
文章の要約や下書きの作成
話題へのアイデアの提案

PowerPointなら
プレゼンの下書きの生成
デザインや画像の提案

Excelなら
数式や関数の自動支援
ソートや集計のサジェスト

POINT

あわてて飛びつく必要はないかも?

365でCopilotを使うには、個人向けで月額3,200円、法人向けで年額49,500円のサブスクリプション契約が必要です。また、個人向けの「Copilot in Excel」が2024年2月時点で日本語に未対応であるほか、機能にも細かな差があります(本書では法人向けプランを使用して画面を撮影しており、個人向けのものとは差異がある場合があります)。個人向けプランにも法人向けと同等の機能が随時解放されていくと見られていますが、今のところ発展途上である感も否めません。また、両プランとも試用期間は設けられておらず、特に法人向けプランは年額一括で高額になりますので、まずは無料のWeb版やEdgeのサイドバーのCopilotを使ってみて、料金に見合うだけの使い方ができそうか、感触を確かめてみることをおすすめします。

Technic

無料版のCopilotを使ってみよう

まずはWeb版で試してみよう

手軽に利用できるのは、OSやブラウザに関わらず利用できるWeb版のCopilotです。Edgeを使っているならサイドバーでも構いません。どんな話題や質問にも応じてくれるので、なんでも聞いてみましょう。なお、利用にはマイクロソフトアカウントでのログインが必要です。

Web版のCopilot

1 Web版を使用するには、普段使っているブラウザでhttps://copilot.microsoft.com/へアクセスします。

EdgeサイドバーのCopilot

2 Edgeなら、ワンクリックでCopilotをサイドバーに表示できます。

質問してみる

3 質問への単なる回答に留まらず、補足的な情報やその情報元も示してくれます。

技術的なサポートが得意

4 プログラムのソースコードも、目的を簡単に提示するだけですぐに書き上げてくれます。

サイトの分析情報も

5 サイドバーのCopilotでは、閲覧中のWebページの分析情報を表示可能。悪質なサイトも見分けられます。

画像の生成や作曲もできる

Copilotには画像生成AIが統合されており、文書やスライドに挿入する画像の生成にも役立ちます。Office関連には有用ではないかもしれませんが、作曲も可能です。

画像を生成する

1 欲しい画像の内容を伝えると、その場で新規に生成されます。気に入るまで何度繰り返しても構いません。

修正を指示する

2 生成の指示を繰り返さなくても、追加で指示を与えれば絵柄などの修正もやってくれます。

作曲はプラグインを有効に

3 「Suno」プラグインを有効にすると、作詞作曲もできるようになります。

WordでCopilotに 下書きを作ってもらう

「下書き」のレベルを 超える下書きを生成

WordでCopilotを使うと、文書作成にかかる時間が大幅に短縮されます。目的を簡単に指示するだけで下書きを生成するので白紙のページを前に悩むこともなくなり、そこへ肉付けと修正を加えるだけで文書が完成してしまいます。既存の文書から要約を生成することも得意です。

契約書を生成する

1 定型的な文書の下書きはもっとも得意とするところです。不動産契約書を生成してみると、このようになります。

必要事項が網羅されている

2 署名・捺印欄も用意されていました。あくまで下書きなのでレイアウトなど細かい調整は必要ですが、かなり手間は省けます。

稟議書を生成する

3 稟議書の作成を指示すると、現状の問題や導入のメリットを具体的に訴えかける文書が生成されました。企画書も同様で、かなり役立ちます。

既存の文書の分析

4 文書を生成するだけでなく、既存の文書の分析もできます。長い文書でも短時間で要点をまとめてくれます。

発言や事項の要約

5 議事録の場合、発言者ごとに意見をまとめたり、決定事項のみを要約したりといったことも可能です。

カジュアルな文章は ブラウザで生成

Word内のCopilotは、テーマによっては文書生成ができないことがあります。くだけた内容の文章などが欲しいケースでは、ブラウザでCopilotを利用しましょう。

不得意なテーマもある

1 Word内のCopilotでは「クリエイティブなコンテンツを生成することはできません」と断られてしまいます。

Web版ではテーマを問わない

2 Web版のCopilotは、指示通りの文章を生成しました。

ブログにはサイドバーを活用

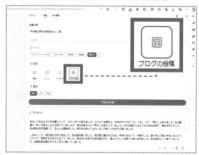

3 EdgeのサイドバーのCopilotには「ブログの投稿」という機能があり、フォームへの投稿にも対応します。

Technic

CopilotをExcelで活用しよう

面倒な数式の挿入やグラフ作成などを自動化

　ExcelでCopilotを使うと、売上などのデータからグラフやピボットテーブルを作成したり、新しい列を挿入して別角度で集計するといったことがほとんど自動で行えるようになります。ただ、個人向けプランは日本語に未対応（2024年2月現在）で、今後のアップデートが待たれます。

数式込みの列を自動挿入

各店舗の売り上げ平均値を挿入して

16/2000

平均売上が追加された

	D	E	F	平均売上
	3月	4月	5月	
400	776,800	685,400	676,540	704,785
500	585,600	575,400	565,850	572,838
680	545,540	565,400	545,960	516,895
050	1,020,060	905,700	870,050	920,215
710	354,010	330,450	310,050	312,805

1 ｜ 表を選択して各店舗の売り上げ平均値を挿入するよう指示すると、列Gに「平均売上」が挿入されました。

言葉の指示でグラフ作成

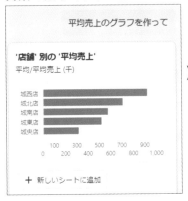

平均売上のグラフを作って

'店舗' 別の '平均売上'
平均/平均売上 (千)

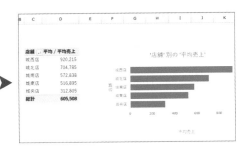

店舗	平均 / 平均売上
城西店	920,215
城北店	704,785
城南店	572,838
城東店	516,895
城央店	312,805
総計	605,508

'店舗' 別の '平均売上'

2 ｜ 続けて「売上平均のグラフを作って」と指示すればグラフが生成され、そのままシートに貼り付けることができます。

有用な数式の提案

数式列の候補を表示する

確認および挿入する数式列を次に示します：

各店舗の2月から5月までの売上の中で最も高い売上を計算します。これにより、各店舗のピーク時の売上を確認することができます。

最大売上

=MAX([@2月]:[@5月])

数式を説明 ∨

＋ 列の挿入

3 ｜ 「数式列の候補を表示する」と入力すると、シートを分析して表中で使えそうな数式を提案してくれます。

※画像は法人向けプランのCopilotを使用して撮影しています。

PowerPointのスライドを生成する

Copilotを使ってWord文書をPowerPointに読み込ませると、自動的にプレゼンテーションを作成してくれます。P123の手順のような見出しの設定も不要です。

文書ファイルの読み込み

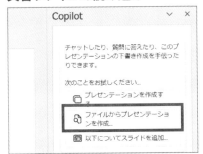

1 ｜ PowerPointのCopilotを開いて「ファイルからプレゼンテーションを作成」をクリックし、保存済みのWord文書を開きます。

即座にスライドが作成される

2 ｜ 文書の内容や文脈を解析し、自動的にプレゼンテーションが生成されます。内容に合った写真も挿入されました。

さらに指示を出す

3 ｜ もちろん生成後にも「スライドを増やす」などの追加の指示もできます。

これだけでOK! 仕事に使える ワード エクセル パワーポイント 2024【増補・最新 改訂版】

Word Excel PowerPoint

2024年3月31日発行

執筆・DTP
白石岳 (有限会社ラケータ)
梅牧彩夏 (有限会社ラケータ)

カバー・本文デザイン
ゴロー2000歳

編集人　内山利栄
発行人　佐藤孔建
印刷所:中央精版印刷株式会社
発行・発売所:スタンダーズ株式会社
〒160-0008　東京都新宿区四谷三栄町12-4
竹田ビル3F
営業部 (TEL) 03-6380-6132

©standards 2024
Printed in Japan

https://www.standards.co.jp